AF546500

Hinweise vorab

Dieses Buch ist auch für Anfänger geschrieben, deshalb habe ich in den Rezepten bewusst auf Fachausdrücke verzichtet. Wenn man sie nicht kennt, macht es das Ganze verwirrend und unnötig schwierig.

Lesen Sie zuerst einmal alles in Ruhe durch, um einen Überblick zu bekommen. So werden normal alle Fragen geklärt und Sie wissen dann, wie Sie was machen müssen, damit es gelingt.

Um das Füllen der Därme am einfachsten zu erlernen, verwenden Sie am besten Collagendärme, da sie sehr robust sind. Wenn dann alles klappt, können Sie auch gut mit den dünnen Naturdärmen umgehen.

Nehmen Sie meine Vorgaben bei den Gewürzen und der Räucherdauer eher als Vorschläge. Machen Sie es so, wie es Ihnen am besten schmeckt und machen Sie sich Notizen ins Buch. So bekommen Sie dann, mit zunehmender Erfahrung, genau die Wurst, die Ihnen persönlich am besten schmeckt.

Räuchern ist generell kein Muss und die Rauchdauer kann nicht exakt angegeben werden, da es viele Faktoren gibt, die das Ergebnis beeinflussen. Genauere Angaben dazu folgen später im Buch.

Bratwürste sind die einfachsten Würste. Es ist ratsam, damit zu beginnen, so bekommen Sie sehr schnell ein gutes Gefühl für die Materie. Sie können roh oder gekocht verzehrt werden. Sie können sowohl kalt wie auch heiß geräuchert werden. Durch den Heißrauch verringert sich die Haltbarkeit, aber dafür bekommen sie ein ganz besonderes Aroma.

Die Herstellung von Salami ist das Schwierigste. Diese Würste sollten Sie erst dann machen, wenn Sie Erfahrungen gesammelt haben.

Zu jeder Wurst-Kategorie gibt es vorab eine ausführliche Anleitung, lesen Sie diese gut durch, damit Sie alles wissen und die Würste auch sicher gelingen.

Ich wünsche viel Spaß beim Wurst selber machen.

Arbeitsmittel zur Wurstherstellung

Um Wurst herstellen zu können, sollten Sie die nachfolgend aufgelisteten Arbeitsmittel haben. Falls Sie zu Beginn noch nicht alle Wurstsorten machen wollen, können Sie auch auf das eine oder andere verzichten. Es ist empfehlenswert, zunächst einmal im kleinen Rahmen anzufangen und sich langsam in die Materie einzuarbeiten. Die fertige Wurst kann zu Beginn der „Wurstmacher-Karriere" in Gläser eingefüllt und eingekocht werden. Dabei kann man nicht viel falsch machen und die fertige Wurst ist lange, ohne Kühlung haltbar. Außerdem muss so nicht gleich ein Wurstfüller angeschafft werden. Wenn man erst einmal selbstgemachte Wurst verkostet hat und Spaß an seinem neuen Hobby findet, fällt die Entscheidung sich alle erforderlichen Werkzeuge anzuschaffen sehr leicht. Zum einen weil man gar keine andere Wurst mehr will, und weil man auf Dauer auch große Mengen Geld sparen kann.

Absolutes Minimum sind folgende Materialien:

Großes Schneidbrett,
ca. 0,8 m x 0,4 m wäre ideal, aber es reicht auch ein Kleineres. Verleimte Bretter sind ideal, denn sie verziehen sich nicht so leicht.

Ausbeinmesser,
ca. 15 cm Klingenlänge, um die Knochen zu lösen und das Fleisch zu beschneiden.

Fleischmesser,
20-25 cm lang und breite Klinge. Damit kann man schnell und sicher das Fleisch und das Fett in wolfgerechte Streifen schneiden.

Wetzstahl,

damit Sie immer scharfe Messer haben, denn das ist die halbe Miete beim Wurstmachen!

Große Schüsseln oder Eimer,

um die Fleischabschnitte und einzelnen Zuschnitte oder fertiges Wurstbrät trennen zu können. Eimer bieten den Vorteil, dass sie ein großes Fassungsvermögen bieten, aber beim Verstauen nur minimal Platz in Anspruch nehmen. Sie sind dank ihrer runden Form sehr einfach und schnell zu reinigen.

Klebeetiketten und wasserfestes Schreibmaterial,

zur Beschriftung der Eimer oder auch der fertigen Wurstgläser.

Gewürze,

am besten ungemahlen in ihrer Ursprungsform. So halten sie sehr lange und behalten ihr gutes Aroma. Auch hier macht sich die Qualität im späteren Produkt deutlich bemerkbar, lieber etwas mehr bezahlen, um so die beste Qualität zu bekommen.

Küchenwaage, (am besten digital) um die Fleischwaren abzuwiegen.

Briefwaage, die auf 0,01 Gramm genau wiegt. Um die Gewürze präzise abzuwiegen.

Küchenmaschine oder Rührmaschine,

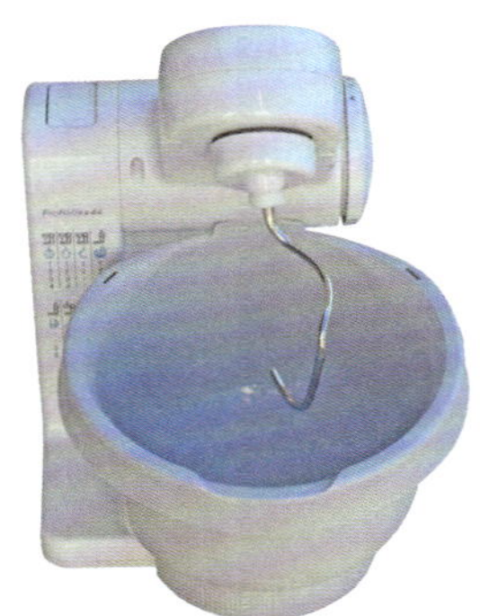

um das Brät ordentlich durchzumischen. Dafür sollten Sie eine kraftvolle und hochwertige Maschine kaufen, da das Rühren von Brät viel Kraft braucht. Eine billige Maschine könnte da schnell kaputt gehen. Es werden auch Kombigeräte angeboten, die Fleischwolf und Rührmaschine in einem sind.

Einkochtopf oder Einkochautomat,

zum Brühen von Würsten oder um Wurstgläser einzukochen.

Stürzgläser, 200 ml oder 400 ml mit gerader Form. Keine Gläser verwenden, die bauchig sind, sonst bekommt man die fertige Wurst nicht mehr am Stück heraus.

Fleischwolf,

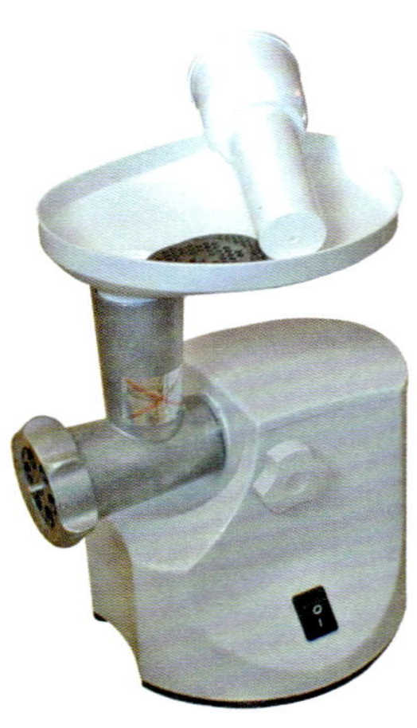

am besten elektrisch. Achten Sie auch hier auf die Qualität und Leistung des Gerätes, da diese Maschine die meiste Arbeit hat. Zur Not geht es auch mit einem Handfleischwolf. Falls Sie schon zu Beginn Wurstbrät in Därme füllen wollen, aber noch keinen Wurstfüller haben, können Sie dies auch mit dem Fleischwolf machen. Es gibt dafür Vorsätze, die man aufschrauben kann. Meist sind diese standardmäßig im Lieferumfang schon enthalten. Allerdings ist das wirklich nur eine Notlösung und recht zeitaufwendig.

Diese Utensilien sollten Sie mindestens haben, um Wurst selber machen zu können. Sie können damit einfache Wurstsorten wie zum Beispiel Bratwurst problemlos herstellen.

Um alles machen zu können und perfekt ausgerüstet zu sein, sollten Sie noch Folgendes haben:

Gewürzmühle, oder Kaffeemühle,

mit einem Flügelrad.

Sie wird gebraucht, um die Gewürze ganz frisch selber zu mahlen. Dadurch bekommen sie eine noch bessere Würze und mehr Geschmack in Ihre Wurst. Die gesundheitsförderlichen Eigenschaften und die Würzkraft der Gewürze bleiben so viel länger erhalten. Denn wenn sie schon wochenlang, gemahlen im Regal der Lebensmittelläden herum liegen, verlieren sie viele wertvolle Inhaltsstoffe.

Ein Cutter oder auch Kutter genannt,

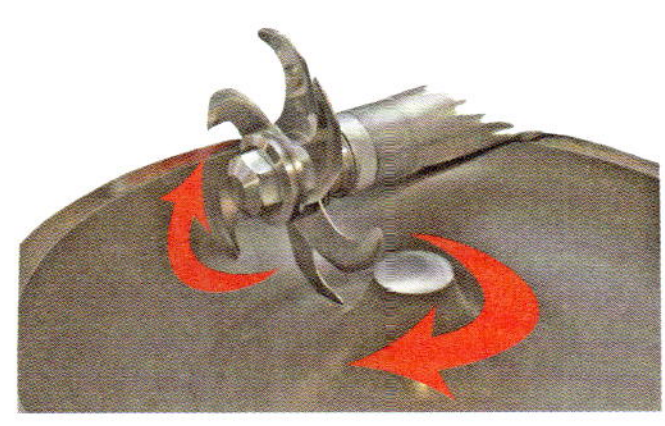

dieses Gerät ist Fleisch-Zerkleinerer und Rührmaschine in einem. Der Name stammt aus dem Englischen und heißt übersetzt „Schneider“. Diese Maschinen haben sehr scharfe Messer und hohe Umdrehungszahlen. Die Rührschüssel dreht sich im Kreis um die Messer herum, dadurch wird alles sehr gut zerkleinert und vermischt. Mit einem Cutter kann man sehr feines Brät herstellen. Diese Maschinen gibt es im Grunde nur im Profibereich und sie kosten viel Geld.

Wenn Sie einen „Thermomix“ oder ein ähnliches Gerät besitzen, können Sie dieses als Minicutter verwenden. Allerdings nur für kleine Mengen. Testen Sie, wie viel Ihr Gerät ordentlich zerkleinern kann, ohne überlastet zu werden. Beginnen Sie mit Kleinmengen von ca. 500 Gramm und tasten Sie sich langsam vor. Ein Mixer ist als Cutter-Ersatz ungeeignet. Die Messer sind im Regelfall viel zu stumpf und die Umdrehungszahlen zu niedrig. Das Brät würde schnell warm und schmierig werden.

Wursthüllen, Saitlinge und Därme

Eiweißsaitlinge, Steril- und Collagendärme, Natur-Därme vom Schwein, Rind, Schaf, je nachdem welche Wurstsorten Sie herstellen möchten.

Wurstfüller,

um die Därme und Wursthüllen sowie die Gläser zu befüllen. Kaufen Sie sich am besten eine stabile Ausführung aus Edelstahl und lassen Sie die Finger von Wurstfüllern aus Kunststoff.

Räucherschrank oder Rauchkammer

Bei den Räucherschränken genügt eine einfache und einwandige Ausführung. Das einzig wirklich Wichtige ist, dass man die zu Zu- und die Abluft regeln kann. Bevorzugen Sie hohe Schränke, da hiermit das Kalträuchern einfacher gelingt. Man bekommt bereits ab 100€ brauchbare Modelle. Extra eine Rauchkammer zu bauen lohnt sich im Regelfall nicht.

Wurstgarn,

um die Würste an den Enden fest zu verschließen.

Landjäger-Presse,

alternativ zwei große Schneidbretter, 2-4 kleine Schraubzwingen, 3-4 Kanthölzchen mit ca. 1,5cm x 1,5cm, die so lange wie die Bretter sind. So kann man recht einfach die Landjäger in eine einigermaßen eckige Form bringen, falls Sie dies nicht mit einer Landjägerpresse machen wollen.

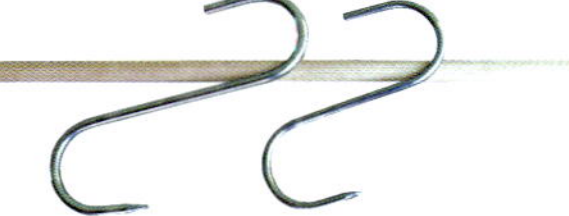

Fleischhaken und geriffelte Holzdübelstangen, um die Würste aufzuhängen und zu räuchern.

Schleifstein, wahlweise einen Öl- oder Wasserstein Körnung 2000/5000 oder feiner, hiermit kann man die Messer absolut super scharf schleifen.

Pastaschöpfer oder Schaumkelle, um die Gläser ins heiße Wasser und vor allem wieder sicher herauszubekommen.

Vorbereitungen zum Wurstmachen

Bevor es losgehen kann, bedarf es ein paar Vorbereitungen, damit am "Wurstmachtag" alles glatt und zügig läuft und Sie sich voll und ganz auf das Wursten konzentrieren können.

Überlegen Sie sich ein paar Tage vorher in Ruhe, welche Wurstrezepte und in welcher Menge Sie sie herstellen möchten. Rechnen Sie zusammen, wie viel Sie von welcher Fleischsorte brauchen und bestellen Sie alles rechtzeitig beim Metzger vor.

Wenn Sie die E-Book-Variante besitzen, drucken Sie sich alle Rezepte aus. So können Sie sie jederzeit lesen und alles abhacken. Das beugt Fehlern vor. Wenn Sie ein gedrucktes Buch haben, empfiehlt es sich, Lesezeichen ins Buch zu stecken. So findet man die Rezepte schneller wieder, falls sich das Buch zuklappt.

Rechnen Sie zuerst aus, wie viel Sie von allen Gewürzen brauchen. Stellen Sie dann die für die unterschiedlichen Wurstsorten benötigten Gewürzmischungen zusammen. Füllen Sie diese in Schraubgläser. Achten Sie darauf, die Gläser zu beschriften, so kann es keine Verwechslungen geben. Wenn Sie planen, größere Mengen Wurst zu machen, empfehle ich Ihnen, die Gewürzmischungen (ohne Salz) bereits am Vortag frisch herzustellen. So haben Sie mehr Zeit für das Wurstmachen, denn die Herstellung der Gewürzmischungen kann teilweise recht viel Zeit in Anspruch nehmen.

Spülen Sie, falls Sie Wurst im Glas machen wollen, die voraussichtlich benötigten Gläser. In ein kleines Schraubglas passen etwa 200 Gramm Wurstmasse in ein großes etwa 400 Gramm. Richten Sie den Einkochautomat her.

Überprüfen Sie, ob Sie genügend Därme und Wursthüllen haben. Richten Sie den Wurstfüller und alle benötigten Werkzeuge her, damit Sie sie parat haben. Es empfiehlt sich, pro beteiligter Person ein separates Schneidebrett zu haben. Ich persönlich kann eine Größe von 40 x 80 cm empfehlen. Achten Sie darauf, dass die Schneidebretter nicht wackeln oder rutschen können. Nur so ist ein zügiges und ordentliches Arbeiten möglich und die Gefahr sich zu schneiden, wird minimiert. Falls Ihr Schneidebrett nicht ordentlich liegen will und wackelt, gibt es zwei einfache Lösungen:

1: Legen Sie einfach ein feuchtes Geschirrtuch unter das Brett.

2: Kleben Sie 4 Gummifüße in die Ecken des Brettes

Schauen Sie nach, ob Sie noch genügend Räuchermehl haben, oder welches kaufen müssen. Überprüfen Sie rechtzeitig vorher, ob die Wolfmesser scharf und Scheiben eben und glatt sind. Nehmen Sie alle erforderlichen Messer und schleifen Sie sie so scharf wie möglich. Nur mit scharfen Messern können Sie zügig und sauber arbeiten. Man mag es kaum glauben, aber jeder Handwerker und Metzger wird es Ihnen bestätigen, mit scharfen Messern sinkt die Gefahr sich zu verletzen. Mit scharfen Messern muss man nicht so stark hebeln und drücken, weshalb man nicht so leicht abrutschen und sich dabei schneiden kann. Beim Wursten immer wieder den Wetzstahl benutzen, noch bevor das Messer stumpf ist. Richten Sie Teller und Schüsseln her, damit Sie die fertigen Würste ablegen können. Falls Sie große Mengen Wurst machen wollen, empfiehlt es sich, zur Aufbewahrung des zugeschnittenen Fleisches und der Fettteile, saubere Eimer zu verwenden. Es versteht sich von selbst, dass diese Eimer ausschließlich zur Herstellung von Lebensmitteln verwendet werden sollten.

Fleischzuschnitt und Reihenfolge beim Wurstmachen

Um die Zeit optimal zu nutzen und Wartezeiten zu vermeiden, empfiehlt sich folgender Ablauf:

Trennen Sie als erstes grob das Fett vom Fleisch. Wenn Sie Würste mit Einlagefleisch machen wollen, wird dieses als erstes zugeschnitten, da es nur die schönsten Stücke sein sollen.

Diese dann separat aufbewahren. Um an schöne Stücke für Einlagefleisch zu kommen können Sie das Fleisch sehr großzügig beschneiden.

Nun sollten Sie das Fleisch und das Fett für die schnittfeste Rohwurst zuschneiden. Hierfür werden von dem, was nach den Zuschnitt des Einlagefleisches noch übrig ist, die schönsten Stücke verwendet. Diese dann in die Gefriertruhe zum Anfrieren geben.

Nun schneiden Sie das Fleisch für Bratwürste und streichfähige Rohwürste zu. Nehmen Sie von dem, was noch übrig ist die schönsten Stücke. Das Fleisch für die streichfähigen Rohwürste kommt dann ebenfalls in die Gefriertruhe.

Was dann noch übrig ist, kann optimal für Koch- und Brühwurst verwendet werden. Es wird als Letztes zugeschnitten. Das Fleisch und das Fett für Brühwürste kommt dann ebenfalls in die Gefriertruhe zum Anfrieren. Fleisch für Kochwürste wird nicht angefroren.

Falls nicht schon am Vortag geschehen, werden nur die erforderlichen Gewürzmischungen gemacht. Nun können die Kochwürste gemacht werden. Während das Fleisch und die Würste gebrüht werden, hat man Zeit, um die Bratwürste zu machen.

Nun können die Brühwürste gemacht werden. Als krönender Abschluss ist dann die schnittfeste Rohwurst an der Reihe.

Kleiner Tipp

Knoblauch-Ausdünstungen können in größeren Mengen und über längere Zeit zu leichter Übelkeit führen. Wenn sie größere Mengen von Würsten mit Knoblauch machen wollen, empfiehlt es sich, die fertigen Würste, sowie den gehackten Knoblauch in luftdichten Gefäßen aufzubewahren. Lüften Sie zwischendurch immer wieder.

Scharfes Werkzeug ist das A und O

Nichts ist bei der Wurst- und Schinkenherstellung wichtiger als scharfes Werkzeug. Der Fleischzuschnitt fällt leichter und man mag es kaum glauben, scharfe Messer verringern die Verletzungsgefahr. Bei stumpfen Messern muss man viel stärker drücken und hebeln und rutscht so leichter ab und verletzt sich dann.

Wolfmesser und Scheiben

Prüfen Sie immer ein paar Tage, bevor Sie Wurst machen wollen, ob die Wolfmesser noch scharf und die Scheiben eben und glatt sind. Lassen Sie diese ggf. schärfen oder kaufen Sie Neue. Meist ist es günstiger Neue zu kaufen. Selber schärfen kann man weder die Wolfmesser, noch die Scheiben. Es ist leider nahezu unmöglich, eine wirklich perfekt ebene Oberfläche zu erreichen, aber diese braucht es unbedingt. Ich empfehle, immer ein Ersatzmesser und Ersatzscheiben im Haus zu haben.

Wenn man Wurst machen will, ist es absolut wichtig, dass der Wolf immer mit scharfen Messern und ordentlichen Scheiben bestückt ist. Wenn die Messer stumpf oder die Scheiben uneben und verschlissen sind, wird das Fleisch nicht mehr richtig geschnitten. Das Fleisch wird dann mehr oder weniger durch die Scheibe gequetscht und abgerissen. Dabei kann es sich erwärmen und die Wurst wird später schmierig. Außerdem können so auch viel leichter Sehnenstückchen und Silberhäute in das Wurstbrät gelangen, was beim Genuss der Wurst sehr störend ist.

Um die Messer solange wie möglich scharf zu halten, ist es empfehlenswert, den Wolf nie leer laufen zu lassen. Es sollte immer Fleisch darin sein, wenn er läuft. Sobald vorne kein Brät mehr herauskommt, den Wolf sofort ausschalten. Die Messer bleiben so um ein Vielfaches länger scharf.

Wie man Wolfmesser auf Schärfe prüft

Legen Sie das Wolfmesser mit der Schneide nach oben auf eine ebene Unterlage. Dann legen Sie die 2 mm Scheibe darauf. Heben Sie die Scheibe nun ganz vorsichtig und langsam an. Wenn das

Messer an ihr haften bleibt, so als ob es magnetisch wäre, ist das Messer noch super scharf. Wenn sich das Messer ein bisschen anheben lässt, bevor es herunterfällt, ist das Messer noch in Ordnung. Wenn es sich überhaupt nicht anheben lässt, ist das Messer stumpf und muss unbedingt geschärft oder ersetzt werden. Wolfmesser kann man nicht selber schärfen, sondern muss sie beim Schärfdienst schärfen lassen oder neue Messer kaufen. Im Regelfall ist es meist günstiger neue Messer zu kaufen.

Wolfscheiben

Überprüfen Sie auch immer wieder die Wolfscheiben. Ob die Scheiben noch gut sind, erkennen Sie daran, wenn die Oberfläche glatt ist. Sehen oder spüren sie eine leichte Vertiefung, ist die Scheibe eingelaufen und sollte ersetzt werden. Auch verrostete Scheiben sollten nicht mehr benutzt werden, da sie das Messer sehr schnell stumpf machen, da der Rost uneben ist und sich somit das Messer ungleich abnutzt und schartig wird.

Damit man nicht von stumpfen Messern oder kaputten Scheiben überrascht werden kann, empfiehlt es sich, immer alle Scheiben und Wolfmesser in doppelter Ausführung zu haben. So kann man immer problemlos Wursten, selbst wenn man das Schärfen vergessen haben sollte.

Trocknen Sie die Wolfscheiben und Messer nach der Reinigung immer sofort mit einem Küchentuch ab. Reiben Sie sie anschließend mit etwas Salat-Öl ein. So vermeiden Sie, dass sie rosten. Bei Edelstahlscheiben und Messern ist dies nicht erforderlich.

Messer

Schärfen Sie bereits am Vortag vor dem Wurstmachen alle Messer so scharf wie möglich. So sparen Sie am „Wurst-Mach-Tag" wertvolle Zeit, weil Sie nicht erst noch Messer schleifen müssen. Nehmen Sie während des Fleischzuschnittes immer wieder den Wetzstahl zur Hand und schärfen Sie die Messer nach. Das braucht wenig Zeit und die Messer werden so erst gar nicht mehr stumpf.

Messer schärfen mit dem Wetzstahl

Ein Messer mit dem Wetzstahl zu schärfen ist eine sehr einfache Sache. Man bekommt die Messer damit mühelos und schnell sehr scharf. Die besten Ergebnisse bekommt man dann, wenn man die Messer mit der Schneide voraus über den Stahl schiebt. Die weit verbreitete Praxis, den Stahl vom Messerrücken Richtung Schneide über das Messer zu ziehen, ist weniger empfehlenswert.

Schärfen Sie aber nur einfache Messer mit dem Wetzstahl, hochwertige japanische Messer aus mehrlagigem Stahl sollten nur mit einem Schleifstein geschärft werden.

Es gibt zwei unterschiedliche Bewegungsabläufe zum Schärfen mit dem Wetzstahl. Früher wurde gelehrt, das Messer mit der Schneide voraus von oben nach unten Richtung Griff und Hand zu bewegen. Bei diesem Bewegungsablauf fällt es den Meisten am einfachsten, die Klinge im richtigen Winkel zu führen.

Allerdings besteht dabei, wenn man nicht aufpasst, ein gewisses Verletzungsrisiko. Inzwischen wird im Fleischergewerbe gelehrt, die Schneide vom Griff und von der Hand weg, nach vorne über den Wetzstahl zu schieben. Diese Variante ist viel sicherer. Allerdings fällt es bei dieser Variante, wie bereits erwähnt, vielen schwerer, die Schneide im richtigen Winkel zu halten und das Messer scharf zu bekommen.

- Halten Sie die Klinge in einem flachen Winkel zum Stahl.
- Das Messer, so wie in den Bildern zu sehen, mit der Schneide voraus, etwa in diesem Winkel am Wetzstahl entlang führen.
- Mit der Schneide voraus und mäßigem Druck, schieben Sie das Messer bogenförmig, in einer gleichmäßigen Bewegung über den Stahl. So als ob Sie damit den Stahl abschaben wollten.
- Wechseln Sie nach jeder Bewegung auf die andere Seite vom Messer. Vermeiden Sie es, die Schneide bei dem Seitenwechsel stark gegen den Stahl zu schlagen und machen Sie den Seitenwechsel sanft. Das Ganze brauchen Sie lediglich zwei bis dreimal pro Seite zu machen und das Messer ist dann wieder sehr scharf.

Es gibt dazu auch ein Video, in dem der Schärfvorgang gezeigt wird. Sie finden es hier: https://youtu.be/nvlVwHnoq1Y

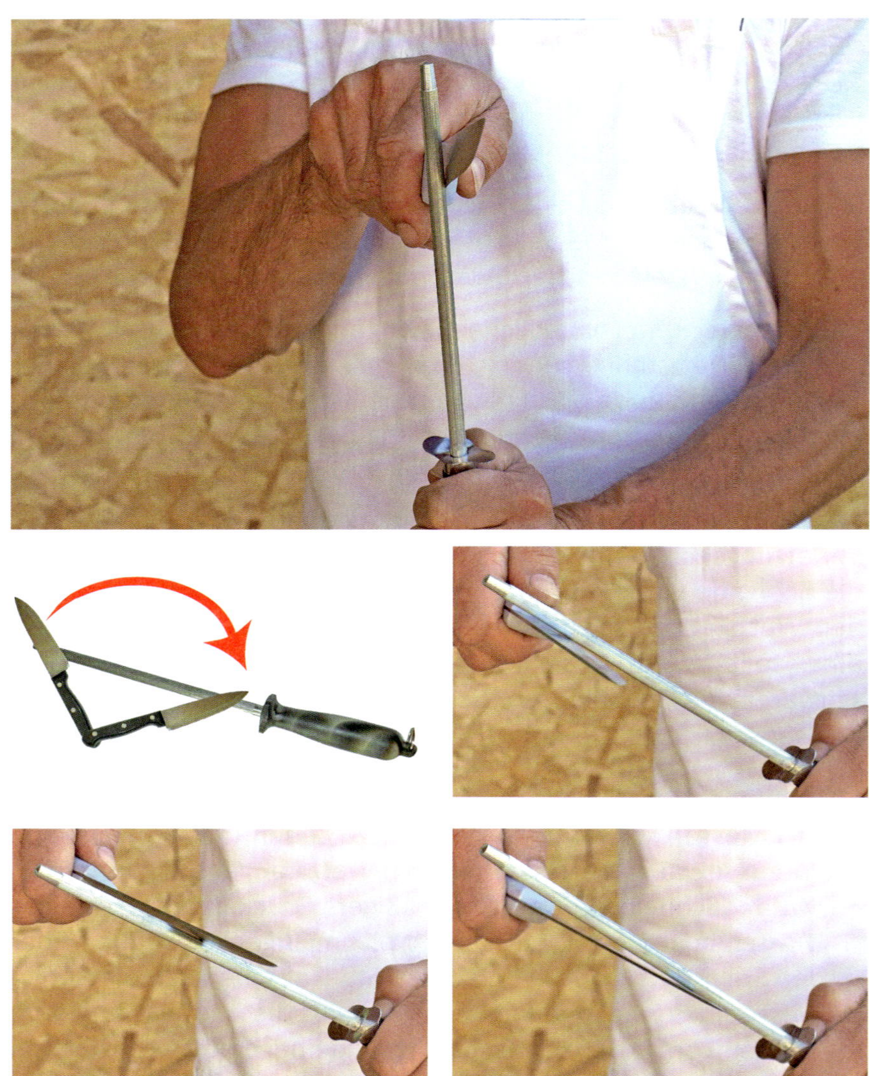

Messer schärfen mit dem Schleifstein

Zunächst einmal etwas über die unterschiedlichen Schleifsteine.
Es gibt künstliche und natürliche Schleifsteine, wie zum Beispiel den belgischen Brocken. Schleifsteine werden in Öl- oder Wassersteine unterteilt. Sie können mit beiden Sorten gute Ergebnisse erreichen und sie stehen einander im Prinzip in nichts nach. Bei den künstlichen Schleifsteinen gibt es allerdings mehr unterschiedliche Körnungen.
In der Regel genügt ein mittelfeiner Schleifstein mit der Körnung 3000 vollkommen. Es sei denn, Sie wollen die perfekte Schärfe oder haben Messer, die absolut stumpf sind. Dann sollten Sie sich zusätzlich einen Stein mit der Körnung 1000-1500 für den Grobschliff und einen superfeinen Stein mit der Körnung 6000-12000 zulegen.
Mit dem Groben können total stumpfe Messer wieder zu „neuem Leben erweckt“ werden. Der Superfeine bringt die Schneide Richtung Rasiermesser-Schärfe.

Gehen Sie zum Schärfen der Messer mit einem Schleifstein folgendermaßen vor.

Wenn Sie mit mehreren Steinen arbeiten, beginnen Sie mit der groben Körnung (kleine Zahl) und arbeiten Sie sich dann bis zur feinen Körnung vor (große Zahl).
Zunächst den Stein befeuchten. Wassersteine einfach für 10-15 Minuten in Wasser legen. Bei Ölsteinen eine dünne Schicht vom passenden Öl auf den Stein aufbringen. Es gibt unterschiedliche Öle, je nachdem, ob Sie einen Naturstein oder einen künstlichen Stein verwenden. Befolgen Sie die Empfehlungen des Herstellers.
Nehmen Sie den Stein aus dem Wasser und lassen Sie ihn so nass wie er ist. Keinesfalls dürfen Sie ihn abtrocknen!
Mit dem Wasser oder Öl ergibt sich während dem Schleifvorgang, zusammen mit dem feinen Stein- und Metallabrieb, der sogenannte Schleifschlamm. Dieser ist dafür verantwortlich, dass der Stein "zieht" und das Messer schön scharf wird.

- Legen Sie das Messer im 90°-Winkel auf den Stein.

- Die Schneide soll dabei Ihnen zugewandt sein.
- Stellen Sie die Klinge nun etwas auf, so dass nur die Schneide auf dem Stein aufliegt (siehe Bild). Kippen Sie die Klinge ein paar mal hoch und nieder. Sie werden es mit ein klein wenig Übung spüren, wann die Schneide satt aufliegt
- Diesen Winkel müssen Sie nun während des gesamten Schleifvorganges einhalten. Je genauer Sie die Schräge halten, desto schärfer wird das Messer.

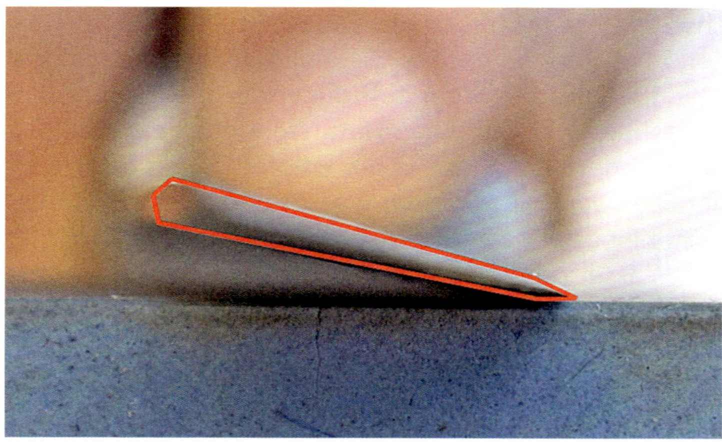

- Schieben Sie das Messer nun nach vorne und üben Sie dabei einen mäßigen Druck auf die Schneide aus, dann ziehen Sie es ohne Druck zu sich zurück.

- Schieben Sie das Messer, während Sie nach vorne schieben, seitlich hin und her, damit die komplette Schneide geschärft wird.
- Wiederholen Sie diesen Vorgang einige Male. Je stumpfer das Messer ist, desto öfter. Wenn die erste Seite fertig geschliffen ist, drehen Sie das Messer um und machen Sie mit der anderen Seite der Schneide das Gleiche.

Beim Messer schärfen ist es wie bei allem: Übung macht den Meister. Zu Beginn kann es noch schwerfallen, den richtigen Winkel während des Schleifvorganges einzuhalten. Um sich am Anfang das Leben einfacher zu machen, kann man auf eine „Schleifhilfe" zurückgreifen. Man bekommt sie bereits für wenige Euros. Diese werden einfach auf den Messerrücken gesteckt und dann mitsamt dem Messer über den Stein geschoben.

Geben Sie bei der Suchmaschine einfach „Schleifhilfe" ein, dann werden Sie schnell fündig.

Das Wichtigste beim Wurstmachen, das Fleisch

Fleisch von unterschiedlichen Tierarten.

Im Regelfall wird in deutscher Wurst hauptsächlich Schwein verwendet. In einzelnen Rezepten ist noch Rind- oder Kalbfleisch enthalten. Alle Rezepte können natürlich auch mit Fleisch von anderen Tieren umgesetzt werden. Dadurch verändern sich der Geschmack und die Konsistenz merklich. Falls Ihnen, vor allem der Geschmack des Fettes anderer Tiere nicht zusagt, können Sie es bei Schweinefett belassen. Dieses ist wesentlich geschmacksneutraler und weicher, als zum Beispiel das Fett von Rind, Schaf, Ziege oder Wildtieren. Auch beim Fett vom Schwein haben Sie selbst die Wahl, ob Sie wie im Rezept angegeben Rücken- oder Bauchfett verwenden. Das Fett vom Rücken ist kerniger bzw. fester. Das Fett vom Bauch ist eher weich. Das ist das Tolle am Selbermachen, man hat alles selbst in der Hand und kann alles auf seinen persönlichen Geschmack abstimmen.

Die Qualität des Fleisches.

Die Qualität des Fleisches ist das A und O für eine gute Wurst. Es gibt beim Fleisch große Qualitätsunterschiede. Diese resultieren unter anderem daraus, wie das Tier gehalten wurde, was es zu fressen bekommen hat und wie alt es war, als es geschlachtet wurde.

Die erste Frage, die sich einem stellt: BIO oder konventionelles Fleisch?

Es macht einen großen Unterschied, ob Sie konventionelles oder BIO-Fleisch verarbeiten.

Es spricht vieles dafür, dass Sie vorzugsweise BIO-Fleisch verarbeiten sollten. Ein wichtiger Punkt ist, dass es dem Tier zu Lebzeiten in der Regel viel besser geht, als seinen Artgenossen aus der Massentierhaltung. BIO-Fleisch kommt aber auch Ihnen selbst zugute.

In der konventionellen Massentierhaltung ist alles auf möglichst schnelles Wachstum und geringere Kosten ausgerichtet. Die Tiere haben viel weniger Platz und Bewegungsfreiheit. Wegen den beengten Verhältnissen und der Tatsache, dass diese Lebensbedingungen nicht einer artgerechten Umgebung entsprechen, werden die Tiere anfälliger. Krankheiten und Seuchen können sich leichter ausbreiten. Aus diesem Grund kommen häufiger Medikamente und Zusatzstoffe zum Einsatz.

Oft wissen die Tierzüchter selber nicht einmal, was alles im Futter enthalten ist, da vieles nicht deklariert werden muss.

Sicher es gibt für alles Grenzwerte. Aber wie oft ist es schon vorgekommen, dass Grenzwerte gesenkt werden mussten, weil die Wissenschaft später entdeckt hat, dass die Menge doch nicht wie ursprünglich angenommen unbedenklich war?

Für ein konventionelles Fleisch spricht lediglich der niedrigere Preis. Ich kann Ihnen versichern, man schmeckt den Unterschied und will, wenn man einmal ein ordentliches BIO-Fleisch hatte, nichts anderes mehr.

Bioschweine haben mehr Bewegungsfreiheit, was das Fleisch "dichter" und weniger wässrig macht. Die Wurst wird deshalb viel aromatischer.

Außerdem bekommen Bioschweine öfters Heu oder frisches Gemüse zu fressen und nicht nur Spezialfutter, das auf schnelles Wachstum ausgerichtet ist, nur damit das Tier schnell an Masse zulegt. Dies macht sich später durch einen intensiveren und besseren Fleischgeschmack bemerkbar.

Wenn Sie es ganz besonders gut machen wollen und nur ein glückliches, ordentlich gehaltenes Tier verarbeiten wollen, besuchen Sie den Landwirt, der das Tier aufzieht. Schauen Sie, wie er die Tiere hält und aufzieht. Stinkt es im Stall nach Ammoniak und Gülle, so dass es einem die Kehle zuschnürt, oder ist im Stall frische Luft?
Können sich die Tiere ausreichend bewegen, oder sind sie eingeengt?

Und zu guter Letzt wie reagieren sie auf den Landwirt, wenn Sie ihn sehen? Werden Sie unruhig, was ein Anzeichen für einen schlechten Umgang mit den Tieren wäre, oder freuen sie sich, ihn zu sehen?

Welches Fleisch oder Fett eignet sich am besten für was?

Die von mir in den Rezepten angegebenen Fleischstücke sind nicht als bindend, sondern eher als Vorschläge anzusehen. Sie können in allen Rezepten jedes beliebige Fleischstück von jeder nur denkbaren Tierrasse verwenden. Bei den schnittfesten Rohwürsten ist allerdings darauf zu achten, dass es sich um eher festes und weniger wässriges Fleisch handelt. Hier ist den Stücken aus der Schulter und dem Schlegel den Vorzug zu geben. Das Fleisch aus der Schulter ist aber stark durchwachsen. Das bedeutet einen recht hohen Arbeitsaufwand beim Putzen und Herrichten. Wenn man sich das Fleisch nach Belieben kaufen kann, ist das Fleisch aus dem Schlegel die beste Wahl. Es ist nur wenig durchwachsen und kann schnell sauber hergerichtet werden. Für Einlage-Fleisch sollten nur die schönsten Fleischstücke verwendet werden. Auch hier eignet sich der Schlegel am besten.

Für den Fettanteil können Sie nach Belieben entweder Fett vom Bauch oder vom Rücken verwenden. Das Fett vom Bauch ist weicher und saftiger, das Fett vom Rücken ist eher fester und trockener. Für schnittfeste Rohwurst ist bevorzugt Rückenfett zu verwenden.

Das Brät richtig rühren

Damit aus Hackfleisch Brät wird, muss es gerührt werden. Das Rühren bringt Bindung, was für den späteren Genuss sehr wichtig ist. Rührt man zu wenig, dann fällt die Wurst auseinander wie ein Fleischklops. Rührt man zu lange, wird die Wurst später sehr fest.

Man sieht dem Brät an, wie gut es bindet. Wenn man mit dem Rühren beginnt, ist die Wurstmasse noch krümelig. Mit zunehmender Zeit sieht man wie sich Kügelchen bilden und mit fortschreitendem Rühren bilden sich Klumpen. Die Rührdauer kann nicht exakt genannt werden, da jedes Rührwerk anders rührt und auch die Qualität der Fleischwaren eine große Rolle spielt. Grobe Richtwerte können genannt werden. Je nach Wurstsorte sollte das Brät unterschiedliche Bindungen aufweisen. Mit etwas Erfahrung sehen Sie dem Brät an, wann es die perfekte Bindung hat.

- Streichfähige Rohwürste sollten nur eine schwache Bindung haben, was ca. 1-2 Minuten Rührdauer entspricht.
- Bratwürste und schnittfeste Rohwürste sollten gut binden, was einer Rührdauer von ca. 5-7 Minuten entspricht.
- Brühwürste sollten eine kräftige Bindung aufweisen, was einer Rührdauer von 10-15 Minuten entspricht.
- Kochwürste sind entweder streichfähig oder werden hauptsächlich durch Blut gebunden, weshalb nur eine eher kurze Rührdauer von 2-5 Minuten erforderlich ist.

Hackfleisch nach dem Wolfen.

Bindung nach ca. 1 Minute Rühren.

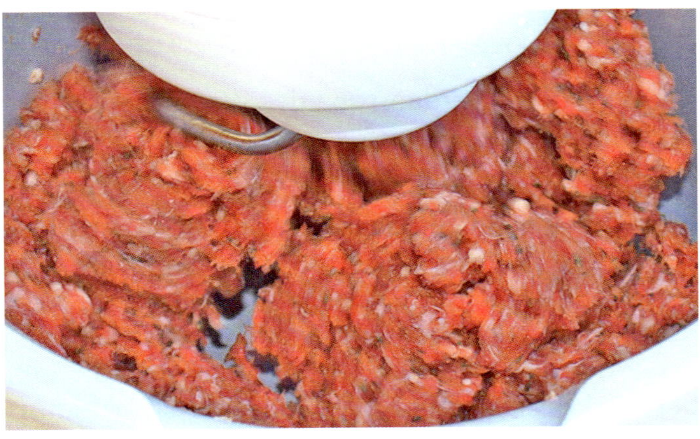

Nach einer Rührdauer von ca. 5 Minuten bilden sich Klumpen.

Das Salz

In allen meinen Rezepten ist immer nur von Salz die Rede.

Es gibt unterschiedliche Arten von Salz, nicht nur in Hinsicht auf den Geschmack, sondern auch, ob es ein Natursalz ist oder industriell verändert wurde.

Natursalze: Ein Natursalz wird ohne Einsatz chemischer Stoffe hergestellt und nicht gebleicht. Es werden auch keine Zusatzstoffe wie Fluor, Jod oder Rieselhilfen etc. zugesetzt. Es handelt sich nur um ein Natursalz, wenn auf der Verpackung deutlich gemacht wird, dass das Salz weder raffiniert noch mit Zusatzstoffen versehen ist. Laut Richtlinien müssen nicht alle Zusatzstoffe deklariert werden. Hersteller natürlicher Salze schreiben deswegen auf ihre Produkte, das das Salz ohne Raffinierung oder Zusätze hergestellt wurde.

Das besondere an Natursalzen ist der Geschmack und der natürliche Gehalt an Mineralien und anderen Elementen. Es hat nicht den stechend brennenden Geschmack wie herkömmliches Speisesalz und verstärkt den Eigengeschmack der Produkte. Es schmeckt angenehm rund und mild nach Salz.

Steinsalz: Wird in Bergwerken abgebaut und nur auf die gewünschte Körnung gemahlen. Bekannte Begriffe für solche Salze sind: z.B. Steinsalz, Kristallsalz, Himalaya-Salz, Ursalz).

Meersalz: Wird durch Verdunstung des Wassers aus Meerwasser gewonnen und bei Bedarf noch auf die gewünschte Körnung gemahlen.

Handelsübliches Koch-Speisesalz: Es wird aus Meerwasser oder aus Bergwerken gewonnen. Egal ob es Salz aus dem Meer oder einem Bergwerk ist, durchläuft es chemische Prozesse, um das Salz zu reinigen und unerwünschte Stoffe herauszunehmen (Raffinieren). Warum das Salz überhaupt raffiniert wird, liegt daran, dass über 90% der gesamten Salzmenge von der Industrie verwendet wird. Aber nicht zur Lebensmittelherstellung, sondern zur Herstellung anderer Produkte.

In diesen industriellen Prozessen wird lediglich das Natrium-Chlorid (NaCl) gebraucht, alle anderen Elemente würden stören. Deswegen werden dem Salz alle anderen Mineralien entzogen, so dass nur noch reines NaCl übrig bleibt. Das Natrium-Chlorid ist das was wir als salzig empfinden. Um das Ganze dann wieder „hochwertiger“ zu machen, werden noch Stoffe wie Fluorid, Jod und Rieselhilfen zugesetzt. Der große Unterschied, liegt also in der Verarbeitung und den Inhaltsstoffen.

Es hat den typisch stechend brennenden Salz-Geschmack.

Nitritpökelsalz

Nitritpökelsalz oder auch abgekürzt NPS genannt, besteht aus handelsüblichem Salz, welches zusätzlich 0,4 - 0,5% Natriumnitrit ($NaNO_2$) enthält. Es wird im Normalfall in der Wursterstellung verwendet. Natriumnitrit hat die Aufgabe die Wurst rot zu machen. Zusätzlich wird die Konservierungswirkung des Salzes verstärkt. Nitritpökelsalz hat aber den Nachteil, dass es beim Erhitzen Nitrosamine bilden kann. Diese stehen im Verdacht, dass sie krebserregend sind.

Das Bundesinstitut für gesundheitlichen Verbraucherschutz und Veterinär-Medizin, hat in einer aktualisierten Stellungnahme vom 23. Oktober 2001 eingeräumt, dass mit dem Verzehr von gepökelten Fleischwaren ein gesundheitliches Risiko im Hinblick auf Krebserkrankungen verbunden ist.

Inzwischen untersagen auch immer mehr Bioverbände wie zum Beispiel „Bioland, Demeter und Gäa“ den Einsatz von Pökelstoffen komplett. Was im Umkehrschluss wohl bedeutet, dass es sehr wohl auch ohne Nitritpökelsalz geht.

Worin liegt der Unterschied zwischen Natur und „Chemie“ ?

Der große Unterschied liegt in der Farbe des fertigen Produktes. Wurst, wie sie heute verkauft wird, ist immer rot bzw. hat einen Rotstich. Dieses Rot führt die Verbraucher in die Irre, indem es Frische suggeriert. Doch nur wegen der Farbe ist ein Produkt längst nicht frisch.

Wird Fleisch zu Rohwurst verarbeitet, also nicht erhitzt, verändert sich die Farbe von Rot nach Braun. Je länger eine Wurst reift, umso mehr verändert sich die Farbe ins Dunkelbraun. Das ist natürlich und gibt Aufschluss darüber, wie lange die Wurstwaren schon am Reifen sind. Zu Beginn ist die natürliche Farbe vielleicht etwas gewöhnungsbedürftig, da wir es seit Jahrzehnten anders gewohnt sind.

Wenn man Fleisch erhitzt wird es grau, wie man es vom Schnitzel her kennt. Beim Schnitzel meckert keiner, weil es grau ist. Im Gegenteil. Wäre es rot wie Wurst, würden die Meisten wohl sagen, das esse ich nicht, mit dem Schnitzel stimmt etwas nicht...

Doch nicht nur die Farbe wird durch Pökelstoffe verändert, sondern auch der Geschmack. Wer längere Zeit auf Nitritpökelsalz (NPS) verzichtet, wird später deutlich den Unterschied schmecken. Die meisten wollen, nachdem Sie sich den Pökelgeschmack abgewöhnt haben, keine herkömmlichen (verfälschte) Produkte mehr essen. Das ist zum einen Eigenerfahrung, aber auch unzählige Rückmeldungen von Gleichgesinnten bestätigen dies.

Um dennoch eine rötliche Farbe bei gekochter Wurst zu erzielen, greife ich auf einen einfachen Trick zurück: Ich gebe dem Brät zu Beginn des Rührvorganges einfach je kg 25-50g Tomaten-Pulver und 3g Rote Bete-Pulver zu. Alternativ kann man auch Tomatenmark verwenden. Dieses sollte im Brät recht gut verteilt werden, um eine gleichmäßige Durchmischung zu erreichen. Bei Brühwürsten kann man das Tomatenmark vorab mit dem Eisschnee vermengen, so wird es im Brät besser und gleichmäßiger verteilt. Ein grober Richtwert für die Menge ist 25g bei 2-fach konzentriertem und bei dreifach konzentriertem 12,5g.

Positive Ergebnisse erreicht man auch mit Rotweinkonzentrat. Nehmen Sie dazu einfach einen trockenen Rotwein und reduzieren Sie ihn auf etwa 50%. Dann geben Sie dem Wurstbrät je kg

10-25 ml davon zu. Da es sich bei Tomaten- und Rote Bete-Pulver, Rotwein und Tomatenmark um Naturprodukte handelt, variieren die Färbung und auch der Geschmack teilweise ganz erheblich. Es ist deshalb erforderlich, ein bisschen mit den Mengen zu experimentieren. Testen Sie einfach, bis Sie den gewünschten Farbton erreicht haben. Dieselbe Farbe wie durch Pökelstoffe erzielen Sie allerdings nicht.

Wer nicht vollständig auf Nitritpökelsalz verzichten will, kann dieses wenn erwünscht, auch lediglich etwas reduzieren. Bereits eine Reduktion kann einen positiven gesundheitlichen Effekt haben.

Obergrenzen von Nitritpökelsalz

Neuere Erkenntnisse über mögliche gesundheitliche Risiken durch Verwendung von Nitrit, aber auch Gründe des vorbeugenden Verbraucherschutzes, haben dazu geführt, dass 1980 der Gehalt an Nitrit im Nitritpökelsalz um 20% auf 0,4-0,5% reduziert wurde. Die im Lebensmittel, zum Zeitpunkt der Abgabe an den Endverbraucher zulässige Konzentration von Nitrit, wurde auf eine maximale Höchstmenge, je nach Produkt, von 50-175 mg/kg festgelegt.

Nimmt man die Grenze von 50 mg je Kilogramm, dann dürfte man maximal 10 Gramm pures Nitritpökelsalz verwenden. Bereits ab einem Wert von 7,5g NPS setzt die Umrötung ein und auch der typische (künstliche) Pökelgeschmack bildet sich.

Wer also nicht gänzlich auf Pökelsalz verzichten will, der kann auch eine Mischung aus Nitritpökelsalz und handelsüblichem Salz verwenden. Dazu verwendet man 7,5-10 Gramm Nitritpökelsalz und ergänzt die restliche Menge mit herkömmlichen Salz.

Schnittfeste Rohwurst und Nitritpökelsalz

Bei der schnittfesten Rohwurst, sollte man laut offizieller Stelle auf Nitritpökelsalz nicht komplett verzichten, da dort die Gefahr von bakteriellem Befall höher ist und die Würste in der Reifephase verderben könnten. Ich selber und auch etliche Bioverbände produzieren mit Erfolg schnittfeste Rohwurst ohne Nitritpökelsalz, allerdings ist es etwas heikler. Mit dünneren Kalibern und Starterkulturen wird es aber sicherer. Eine mögliche Kompromisslösung, insbesondere als Anfänger, ist wie bereits oben erwähnt, der Einsatz einer Mischung aus Nitritpökelsalz und herkömmlichem Salz.

Es liegt nun bei Ihnen, zu entscheiden, ob Sie Nitritpökelsalz verwenden wollen, es reduzieren oder komplett darauf verzichten möchten.

Ich persönlich stelle meine Wurst und Schinken seit Jahren ohne Pökelsalz, nur mit Natursalz her, weil der gesundheitliche Aspekt und der natürliche Geschmack bei mir von höchster Bedeutung ist.

Gewürze

Um eine möglichst geschmacksintensive, natürliche Wurst zu bekommen, sollten die Gewürzmischungen selbst hergestellt werden. Verwenden Sie am besten ungemahlene Gewürze. Kaufen Sie auch nicht zuviel von den Gewürzen, denn mit zunehmendem Alter verlieren sie an Geschmack. Mahlen Sie die Gewürze erst kurz bevor sie bei der Wurstherstellung zum Einsatz kommen. So haben Sie das höchste Maß an Frische und Geschmack. Falls Ihnen ein Gewürz in der Gewürzmischung nicht zusagt, lassen Sie dieses einfach weg. Chili ist immer mit Vorsicht zu genießen, denn der Schärfegrad ist je nach Sorte sehr unterschiedlich. Nehmen Sie davon lieber etwas weniger als zuviel. Denn wenn die Wurst beim Essen nur noch brennt, macht es eher weniger Spaß, außer Sie sind ein Freund der Schärfe.

Den Ratgeber und Info`s zum Thema
„Wurst selber machen“
bekommen Sie direkt vom Autor unter:
www.Wurst-Rezept.de

Oder auch im Buchhandel
ISBN: 978-3-9818939-1-5

Holger Frech

Wurst selber machen,
so gelingt es garantiert!
- Komplettkurs -

Schritt für Schritt erklärt von der Fleischauswahl bis zum Räuchern

Komplett überarbeitete und erweiterte Neuauflage

Mit 100 erprobten Wurstrezepten

Den Ratgeber und Info`s zum Thema
„Schinken selber machen“
bekommen Sie direkt vom Autor unter:
www.schinken-selber-machen.com

Oder auch im Buchhandel
ISBN: 978-3-9818939-0-8

Den Ratgeber und Info`s zum Thema „Käse selber machen“ bekommen Sie direkt vom Autor unter: www.käse-selber-machen.de

Oder auch im Buchhandel
ISBN: 978-3-9818939-2-2

Die Genusserweiterung für noch mehr Vielfalt auf dem Vespertisch.
Ein Praxishandbuch das auch Sie Schritt für Schritt bis zum fertigen Käse begleitet.
Alle Reifearten sind einfach und leicht verständlich erklärt.
Mit den beliebtesten Rezepten für Frischkäse, Joghurt, Quark, Weichkäse, schnittfeste Käse, Hartkäse und Kochkäse
Abgerundet wird das Ganze mit den besten Tipps und Tricks aus der Praxis und einer XXL-Räucheranleitung

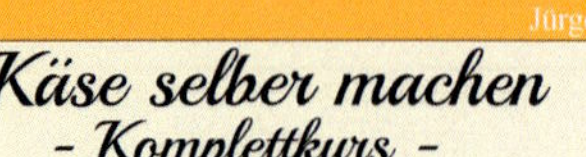

Hygiene und Geflügel

Generell muss bei der Wurstherstellung immer peinlich auf die Hygiene geachtet werden. Besonders dann, wenn man Geflügel verarbeitet, sollte man immer wieder zwischendurch das Schneidebrett und die Hände reinigen. Geflügel eignet sich wegen der Gefahr von Salmonellen **nicht für Rohwürste**, sondern nur für Koch- oder Brühwurst. Geflügel-Bratwürste sollten vor dem Verzehr immer erhitzt werden. Geflügel sollte nicht gleichzeitig mit anderem Fleisch verarbeitet werden, da es sonst zu einer Übertragung von Salmonellen kommen kann.

Das Fleisch und das gewolfte Wurstbrät, sollte immer so kühl wie möglich gelagert werden. Bei wärmeren Temperaturen empfiehlt es sich, die Schüsseln, in denen das Brät mit den Gewürzen vermengt wird, vorher zu kühlen. Gewolftes Wurstbrät sofort verarbeiten und nicht unnötig lange aufbewahren.

Gläser füllen und einkochen

Der bequemste und schnellste Weg, um Wurst haltbar zu machen, ist sie einfach in Gläser einzukochen. So konservierte Wurst ist 4-6 Monate haltbar. Um Botulismus vorzubeugen, müssen die Gläser unter 7°C gelagert werden.

Um die Oxidation von eingekochter Wurst zu verringern, können Sie 0,35 g Ascorbinsäure je Kilogramm Wurstmasse hinzufügen.

Schreiben Sie auf jeden Deckel das Herstellungsdatum der Wurst, so haben Sie immer im Blick, wie alt sie ist. Gewöhnen Sie es sich am besten an, an jedem Glas das Sie aufmachen kurz zu riechen. So können Sie immer feststellen, ob alles in Ordnung ist. Der Inhalt von Gläsern, die leicht zu öffnen sind, ohne dass das typische „Plopp“ zu hören ist, sollten nicht mehr verzehrt werden. Falls es passiert, dass der Deckel eine Wölbung nach oben hat, ist die Wurst verdorben. Entsorgen Sie die Wurst gleich mitsamt dem ganzen Glas, da davon auszugehen ist, dass es auch beim nächsten Befüllen nicht mehr dicht schließen würde. Die Gläser vor dem Füllen mit kaltem klarem Wasser ausspülen. Nicht austrocknen!

Die Gläser werden bis ca. 1-2 cm unter den Rand mit Wurstmasse gefüllt. Achten Sie darauf, dass sich möglichst wenig Lufteinschlüsse im Brät befinden. Falls man sehr fettreiches Wurstbrät hat, nur bis 2 cm unter den Rand füllen.

Fette Wurstmasse dehnt sich beim Erhitzen stark aus und die Gläser können dann platzen.

Nach dem Füllen wird der Deckel fest aufgeschraubt. Die Gläser werden dann in fast kochendes Wasser gegeben. Das Wasser sollte noch nicht kochen, weil die Gläser sonst durch den großen Temperaturunterschied zerspringen können. Wenn alle Gläser im Wasser sind, wird das Wasser vollends zum Kochen gebracht.

Gläser mit 220ml Inhalt werden für 90 Minuten eingekocht, Gläser mit 400 ml Inhalt für 120 Minuten.

Nach dieser Zeit die Gläser sofort aus dem Wasser nehmen und möglichst schnell abkühlen. Aber nicht sofort in kaltes Wasser stellen, denn sonst können die Gläser durch den „Temperaturschock“ platzen.

Kleiner Tipp am Rande:

Wenn man auf Bindemittel verzichtet, dann tritt beim Einkochen von Wurstmasse in Gläsern immer etwas Fleischsaft und Fett aus. Man kann dem Wurstbrät, welches in Gläser kommt, je kg Wurstmasse ca. 5 Gramm Gelatinepulver zugeben. Zwar tritt dann immer noch Fleischsaft aus, aber dieser verwandelt sich dann beim Abkühlen in leckere Sülze, welche zusammen mit dem Fett ein von vielen geschätzter Brotaufstrich ist. Der Fettgehalt kann auch etwas erhöht werden. So wird die Wurst später saftiger und nicht so trocken.

Das Befüllen von Wurstgläsern

Wurstgläser kann man ganz einfach mit dem Wurstfüller füllen. Man hat so den Vorteil, dass der Rand der Gläser sauber bleibt und die Gläser somit sauber und dicht schließen. Ebenfalls werden Lufteinschlüsse im Brät deutlich minimiert.

Gehen Sie einfach folgendermaßen vor:
Auf den Wurstfüller ein großes Füllrohr schrauben. Das Glas dann davor halten und mit einer drehenden Bewegung auffüllen. Wenn das Glas befüllt ist, das Brät oben glatt stopfen oder streichen.

Achten Sie auf die maximale Füllhöhe:

- **Fettarmes Brät bis 1 cm**
- **Fettreiches Brät bis 2 cm unter den Rand füllen**

Beim Einkochen dehnt sich die Wurstmasse aus. Je fetthaltiger das Brät ist, desto größer ist die Ausdehnung.

Wenn man die Gläser zu hoch füllt, dann können diese beim Einkochen platzen. Wenn man dünnflüssiges Brät in Gläser füllt, kann man nach dem Füllen ein paar mal auf den Glasboden klopfen. So lösen sich eventuell vorhandene Luftblasen und entweichen aus dem Brät. Die Ränder der Gläser unbedingt sauber machen und die Dichtung der Deckel kontrollieren. Dann die Gläser fest zudrehen. Deckel können bis zu 5 mal verwendet werden. Danach sollten sie ausgetauscht werden, weil sie dann nicht mehr zuverlässig abdichten.

So bekommt man Wurstgläser ins heiße Wasser und wieder heraus, ohne sich zu verbrühen.

Ein gefährlicher Arbeitsschritt, der es in sich hat, ist das Einkochen von Wurstgläsern. Da diese in sehr warmes Wasser müssen, ist die Gefahr sich zu verbrühen recht hoch.

Ganz zu schweigen davon, wenn sie wieder heraus müssen, denn da ist das Wasser kochend heiß. Es gibt einen ganz einfachen Trick, um diesen Arbeitsschritt zu entschärfen. Nehmen Sie einfach einen Pastaschöpfer oder eine Schaumkelle und stellen Sie ein Glas nach dem anderen darauf und lassen Sie sie ins Wasser gleiten. Wenn die Gläser wieder aus dem Wasser heraus müssen, geht das mit dem Pastaschöpfer oder der Schaumkelle genauso gut und vor allem ungefährlich! Mit einem Backhandschuh kann man die Gläser bequem von der Kelle herunternehmen und beiseitestellen.

Garen und Brühen

Falls die Würste heiß geräuchert werden sollen, werden diese zuerst nach Anleitung heiß geräuchert. Nach dem Heißräuchern werden die Würste dann in ca. 45 °C warmes Wasser gelegt. Dieses wird dann, zusammen mit den Würsten, auf eine Temperatur von 75-80 °C gebracht. Dazu ist am besten ein Einkochautomat mit Thermostat geeignet, da damit mühelos eine konstante Temperatur erreicht wird.

Bis 6 cm Wurst-Durchmesser:
Werden die Würste je cm Durchmesser 10 Minuten gebrüht.
Ab 6 cm Durchmesser:
Verlängert sich die Brühdauer auf 13 Minuten je cm Durchmesser.

Diese Zeit wird ab dem Zeitpunkt gerechnet, wenn die Temperatur von 75-80 °C erreicht ist. Die Aufheizzeit wird nicht berücksichtigt. Im Zweifelsfall lieber etwas zu lange Brühen als zu kurz.

Beim Brühen gelangt fast immer Fett in das Brühwasser. Auf den Würsten bleibt dann ein Fettfilm zurück. Dieser sollte unbedingt entfernt werden. Dies macht man, indem man die Würste mit heißem Wasser abschwenkt. Danach kann man sie zusätzlich in handwarmem Wasser sauber abwaschen. Anschließend werden sie dann in kaltem Wasser so schnell wie möglich abgekühlt. Wenn sie kalt sind werden sie mit Küchentüchern abgetrocknet.

Därme und Saitlinge, Grundwissen und Verarbeitung

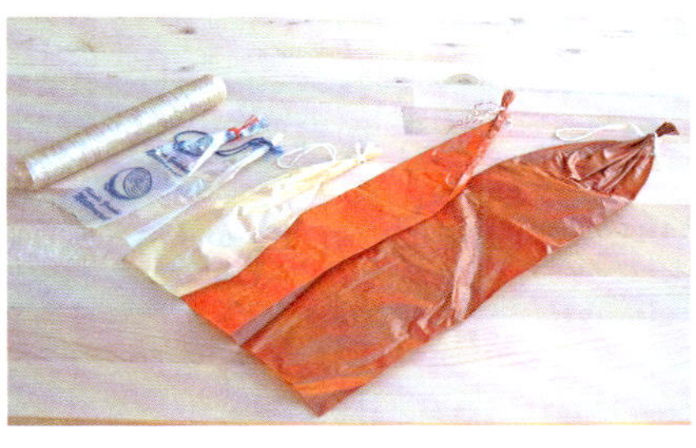

Damit aus Wurstbrät Würste werden, müssen diese in Därme oder Saitlinge gefüllt werden. Dabei gibt es einiges zu beachten, denn je nach dem, was mit der Wurst im weiteren Verarbeitungsprozess gemacht werden soll, muss man die richtige Hülle wählen.

Bildbeschreibung: Collagendarm-Raupe, Zwiebelmettwurstdarm, Mettwurstdarm unbedruckt, Collagendarm, Sterildarm klein, Sterildarm groß.

Zunächst ein paar Grundlagen:

Es gibt Naturdärme sowie künstliche Därme und Saitlinge. Was man lieber verarbeitet, ist eine persönliche Vorliebe und Geschmackssache. Die Größen werden als Kaliber angegeben. Dies ist eine sehr einfache Maßangabe, denn die Zahl gibt den Durchmesser der fertigen Würste in Millimeter an.

Zum Beispiel: Eine Wurst Kaliber 50 hat einen fertigen Durchmesser von 50 Millimeter (5cm).

Die künstlichen Därme:

Bei Kunstdärmen wird die Größe mit zwei Zahlen angegeben. Die erste Zahl steht für den Durchmesser in Millimeter, die Zweite für die Länge des Darmes in Zentimeter. Zum Beispiel: 50/40 bedeutet ein Durchmesser von 50 mm (5cm) und eine Länge von 40 cm.

Collagendärme:

Collagendärme können für Brühwürste und alle Würste verwendet werden, die anschließend geräuchert werden sollen. Ebenfalls kommen Collagendärme bei Würsten zum Einsatz, die reifen müssen, da dort Wasser entweichen muss. Collagendärme sind zwar essbar, aber teilweise recht zäh und fest.

Sterildärme:

Sterildärme werden hauptsächlich für Kochwurst verwendet. Sie sind absolut dicht, es kann kein Aroma oder Wasser entweichen. Durch diese Eigenschaft sind sie zum Räuchern ungeeignet, da der Rauch sich nur auf der Wursthülle befinden, aber nicht an die Wurstmasse gelangen würde. **Sterildärme sind nicht essbar!**

Mettwurstdärme:

Mettwurstdärme sind weder wasser- noch rauchdurchlässig. Die Würste bleiben so schön saftig. Es gibt sie mit und ohne Aufdruck. Sie sind häufig in Kaliber 40/30 oder 50/30 erhältlich. Die Mettwürste werden zum Verzehr aus der Hülle gestreift. **Mettwurstdärme sind nicht essbar.**

Eiweißsaitlinge:

Eiweißsaitlinge lassen sich sehr leicht verarbeiten und sind sehr preiswert. Sie sind rauchdurchlässig und können von der fertigen Wurst sehr leicht abgezogen werden. Zum Brühen sind sie allerdings nicht geeignet, da sich sehr leicht auflösen und sich von der Wurst abtrennen. **Eiweißsaitlinge sind essbar.**

Die natürlichen Därme.

Natürliche Därme kommen in der Regel von Schafen, Schweinen und Rindern. Sie werden, nach dem das Tier geschlachtet wurde, gereinigt und anschließend meistens in Konservierungs-Lake zum Kauf angeboten. Sie sind wesentlich teurer als künstliche Därme, da sie extra gereinigt werden müssen. Würste in Naturdärmen können gekocht, gebraten und geräuchert werden.

Die geläufigsten Naturdärme:

Rinderdärme:

- **Mitteldarm** hauptsächlich für Leberwurst.

- **Kranzdarm** Kaliber 35/37 für Salami, Schinken- und Blutwurst.

- **Butten** für Schwartenmagen und Presskopf.

Schweinedärme:

- **Fettenden** hauptsächlich für Leberwürste und Blutwürste.

- **Dünndärme Kaliber 28/30** für Rote, dünne Salami, Bratwurst.

Schafdärme: Diese machen den schönen „Knack", wenn man in die Wurst beißt und sind zart im Biss.

Kaliber 20/22 oder 24/26 für alle dünnen Würste wie: Bratwurst, Knackwurst, Saitenwurst oder Wiener Würstchen

Der richtige Umgang mit Därmen und Wursthüllen

Fast alle Därme müssen vor dem Füllen gewässert werden. Bei Naturdärmen in Konservierungslake entfällt dieser Arbeitsschritt. Durch das Wässern werden sie geschmeidig, nur so können sie richtig verarbeitet und befüllt werden. Eine weitere Ausnahme sind Eiweißsaitlinge oder Collagendärme in Raupen, diese brauchen nicht gewässert werden. Ich empfehle jedoch, sie kurz vor dem Füllen, für ein paar Augenblicke in heißen Dampf zu halten. So kommt es viel seltener vor, dass sie beim Füllen reißen. Aber dämpfen Sie nur soviel davon, wie Sie auch verarbeiten, da der Rest sonst verderben könnte.

Sterildärme und Mettwurstdärme: Werden vor dem Füllen ca. 30-40 Minuten in handwarmem Wasser gewässert. Vor dem Füllen alles Wasser herausstreichen.

Collagendärme: Werden ebenfalls ca. 30-40 Minuten vor dem Füllen in kaltem Wasser eingeweicht. Vor dem Füllen alles Wasser herausstreichen.

Naturdärme: Werden bei dünneren Kalibern im Regelfall in einer Lake aufbewahrt, somit entfällt das Wässern. Große Kaliber werden teilweise auch getrocknet angeboten. Getrocknete Därme müssen 30-60 Minuten gewässert werden. Großkalibrige Därme werden vor dem Füllen noch zusätzlich mit Wasser ausgewaschen. Vor dem Füllen alles Wasser herausstreichen. Je nach Hersteller kann die Dauer, für die gewässert werden muss abweichen. Diese ist dann auf der Verpackung angegeben.

Achten Sie darauf, dass die Därme beim Wässern immer unter der Wasseroberfläche sind und nicht auf ihr schwimmen. Falls die Därme schwimmen, beschweren Sie sie mit einem Kuchengitter aus Metall, oder alternativ mit Messern oder Gabeln.

Wie man Därme richtig befüllt

Damit die fertigen Würste später gut haltbar sind und beim Reifeprozess nicht verderben, ist es wichtig, dass das Wurstbrät korrekt in die Därme gefüllt wird. Bei allen Würsten, mit Ausnahme der schnittfesten Rohwürste, dürfen die Därme nicht zu prall gefüllt werden. Dies gilt besonders für die dünnen Kaliber und feinen Saitlinge. Diese können sonst beim Abdrehen leicht reißen. Zu locker sollten sie aber auch nicht gefüllt werden, weil die Würste später sonst schnell schrumpelig werden. Keine Angst, mit ein klein wenig Erfahrung bekommt man schnell ein Gefühl dafür, wie fest man sie füllen sollte.

Die Wurstmasse sollte möglichst keine Lufteinschlüsse haben, denn durch diese kann das Wurstbrät oxidieren. Oxidation verändert den Geschmack und das Aussehen nachteilig. Achten Sie deshalb beim Füllen des Wurstfüllers darauf, dass möglichst wenig Luft im Brät ist. Werfen Sie das Brät mit Schwung in den Wurstfüller hinein und stopfen Sie es mit der Faust nach. Im Wurstfüller sollten keine Löcher mehr zu sehen sein, siehe Bild. Somit läuft das Wurstfüllen einfach und reibungslos. Wenn Luft zwischen dem Brät ist und das Füllrohr keinen Luftkanal hat, bläst es einem den Saitling regelrecht auf. Man muss dann den Füllvorgang unterbrechen und den Saitling einstechen, bevor man weiter machen kann. Wenn Sie sehen, dass in der Wurst Luftblasen sind, nehmen Sie eine Nadel und stechen sie ein kleines Loch in den Darm / Saitling. Die Luft kann dadurch entweichen und die Wurst ist korrekt befüllt.

Wurstfüller vorbereiten bei dünnen Naturdärmen.

Wenn man für Bratwürste und Knackwürste Naturdärme verwendet, haben diese später den berühmten „Knack“ wenn man hineinbeißt. Kleinkalibrige Naturdärme bekommt man in der Regel in Salzlake. Man braucht sie vor dem Füllen nicht weiter vorzubereiten.

Und so gehen Sie vor: Achten Sie darauf, dass das ganze Füllrohr mit Brät gefüllt ist, sonst kann die Luft im Rohr den Darm später aufblasen. Suchen Sie bei langen Naturdärmen zuerst einmal ein Ende vom Darm. Dieses stülpen Sie dann über das Füllrohr. Jetzt wird der ganze Darm in voller Länge auf das Füllrohr aufgefädelt. Collagendarm-Raupen werden einfach auf das Füllrohr geschoben. Bei konischen Füllrohren nicht zu weit darauf schieben! Der Darm muss später leicht herunter gleiten, sonst kann er reißen. Wenn der Darm komplett aufgefädelt ist, macht man vorne einen Knoten daran und es kann losgehen.

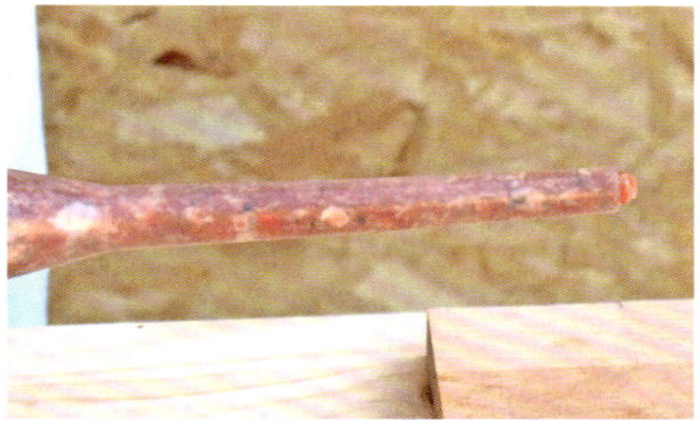

Brät bis ans Ende des Füllrohres füllen.

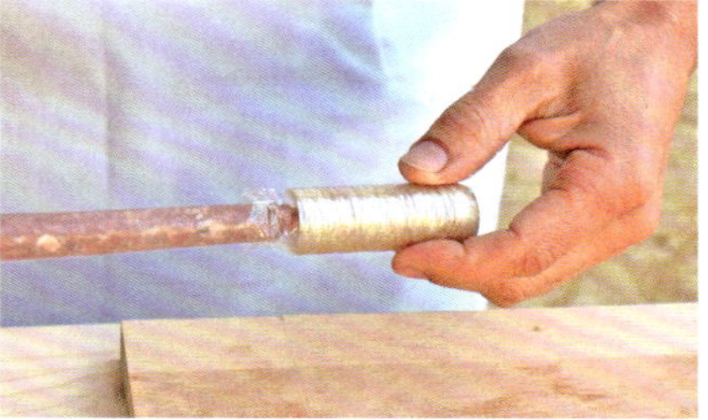

Darm über das Füllrohr stülpen.

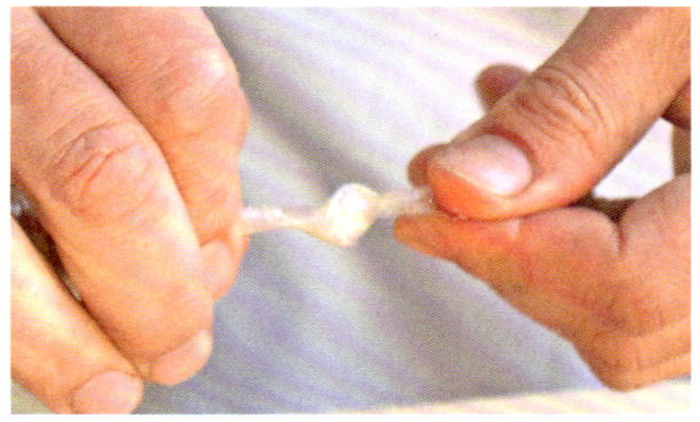

Etwas Darm herunterziehen und am Ende verknoten.

Den Darm gefühlvoll festhalten und mit Brät befüllen.

Dünnkalibrige Saitlinge mit dem Wurstfüller befüllen.

Am einfachsten geht es, wenn man zu zweit ist. Wenn eine Wurst gefüllt ist, wird der Füllvorgang kurz gestoppt und der zweite dreht die Wurst direkt ab. Nach dem Abdrehen wird weiter gefüllt. Wenn man allein ist, füllt man den ganzen Darm auf und dreht die Würste anschließend ab. Den Saitling während des Füllvorgangs auf dem Tisch am besten zu einer Schnecke aufrollen.

Umfassen Sie das Füllrohr mit einer Hand und halten Sie den Saitling ganz sanft fest. Jetzt beginnen Sie zu Kurbeln und lassen den Saitling einfach durch die Hand rutschen. Je fester Sie ihn festhalten, desto strammer werden die Würste gefüllt. Hält man den Saitling zu fest, platzen die Würste. Man sollte den Saitling nicht zu locker, aber auch nicht zu stramm füllen. Füllt man zu stramm, dann kann der Darm, wenn man die Würste abdreht reißen. Wenn man ein Füllrohr ohne „Luftkanal" verwendet, kann es sein, dass sich der Darm beim Füllen hin und wieder regelrecht aufbläst. Wenn dies der Fall ist, einfach mit einer Nadel ein kleines Loch einstechen und weitermachen.

Um die Würste abzudrehen wird einfach sanft an der Stelle, wo die Wurst enden soll, das Brät eingedrückt. Die Wurst dann ein paar mal drehen. Drehen Sie immer abwechselnd, die eine Wurst links und die nächste rechts herum.

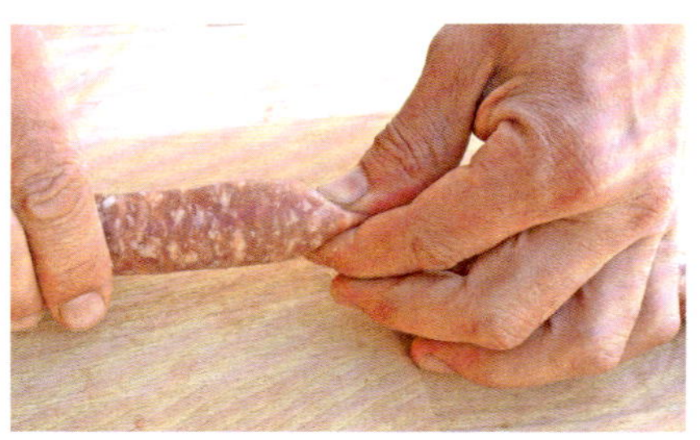

Brät an gewünschter Stelle eindrücken.

In abwechselnder Richtung abdrehen.

Wenn man geübt ist, kann man die Würste einfach mit der einen Hand am gewünschten Anfang und mit der anderen am gewünschten Ende fassen. Dann die Wurst etwas durchhängen lassen und ein paar Mal wie ein Springseil schwingen. Es geht einfacher als man glaubt. Probieren Sie es einfach mal aus.

Großkalibrige Därme und Wursthüllen füllen

Verwenden Sie unbedingt ein Füllrohr, das so groß wie möglich ist. Wenn man ein zu dünnes Füllrohr verwendet, bekommt man beim Füllen sehr leicht Lufteinschlüsse. Ziehen Sie die komplette Wursthülle auf das Füllrohr. Halten Sie die Wursthülle ziemlich kräftig fest, damit das Brät ordentlich und fest in die Hülle gestopft wird. Die Wursthülle, je nach Durchmesser, nahezu komplett auffüllen. Lassen Sie aber noch ein ausreichend großes Reststück leer, damit Sie die Hülle noch gut zubinden können. Je größer der Durchmesser, desto größer muss dieses Reststück sein. Im Zweifelsfall lieber ein bisschen mehr Hülle übrig lassen, dann geht das Zubinden wesentlich leichter. Wenn die Wursthülle gefüllt ist, vom Füllrohr ziehen und die Wursthülle mit einem Stück Wurstgarn sehr fest und sorgfältig zubinden.

**Das größte Füllrohr verwenden.
Die komplette Hülle aufstecken.**

**Relativ stark festhalten.
Bis auf ca. 3-5 cm auffüllen.**

Am Ende abdrehen.

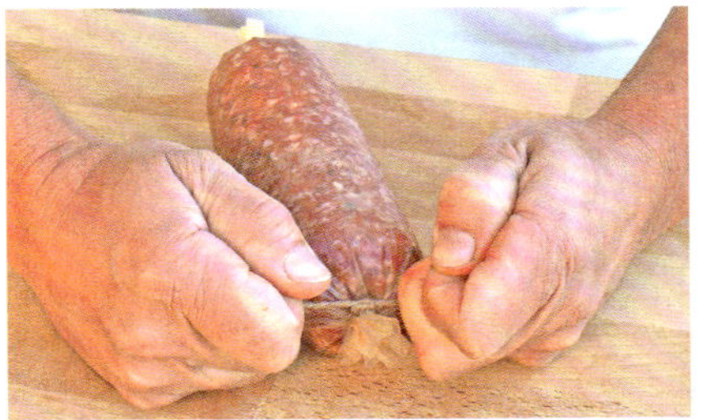

Gut zubinden und die Wurst ist fertig.

Fehler beim Befüllen der Därme und deren Abhilfe

Selbst erfahrenen Wurstmachern kann hin und wieder das ein oder andere Missgeschick beim Wurstfüllen passieren. Wie man ganz einfach Abhilfe schafft, sehen Sie hier im Anschluss.

Der Darm reißt beim Füllen

Besonders bei Naturdärmen kann es passieren, dass diese nicht immer so leicht vom Füllrohr gleiten, wie sie sollten. Oder man hat einfach zu schnell an der Kurbel vom Wurstfüller gedreht und schon platzt der Darm auf. Wenn das passiert, einfach den Darm vollends abreißen, ein Stückchen vom Füllrohr ziehen und einen Knoten darauf machen. Bei konischen Füllrohren den ganzen Darm ein bisschen weiter nach vorne schieben, damit er später leichter vom Füllrohr gleitet und schon kann es weitergehen.

Der Saitling platzt auf.

Den Saitling etwas herunter ziehen und abschneiden.

Etwas Brät herausdrücken und verknoten.

Darm neu verknoten und weiter füllen.

Im Füllrohr war noch Luft, bevor man den Darm verknotet hat.

Wenn dies der Fall ist, dann bläst sich der Darm bei Verwendung eines Füllrohrs ohne Luftkanal auf. Um das Problem zu lösen, einfach mit einer Nadel ein kleines Loch einstechen und schon kann es weiter gehen.

Während dem Füllen bläst sich der Saitling auf.

Selbst wenn man den Wurstfüller ordentlich befüllt hat, ist immer noch Luft im Brät. Diese sammelt sich während des Füllvorgangs und bläst sehr dicht sitzende Därme dann auf. Wenn dies passiert, einfach mit einer Nadel ein Loch einstechen, die Luft entweicht und man kann mit dem Füllen weitermachen.

In der Wurst sind Luftblasen

Hin und wieder, besonders wenn man den Wurstfüller nicht vollkommen korrekt befüllt hat, kann es in der Wurst Luftblasen geben. Diese erkennt man sehr leicht an den hellen Stellen. Diese müssen entfernt werden, weil das Brät dort oxidieren würde. Was nicht nur unschön aussieht, sondern auch im schlimmsten Fall Reifefehler verursachen kann. Dieses Problem löst man, indem man einfach in die Wursthülle mit einer Nadel einsticht, die Luft entweicht und alles ist bestens.

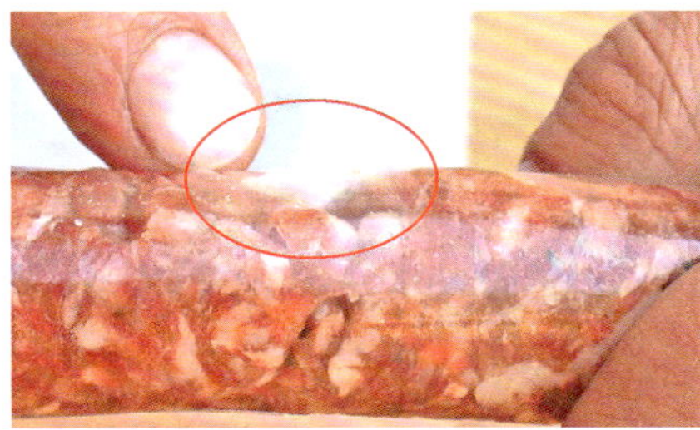

Hier ist Luft im Darm.

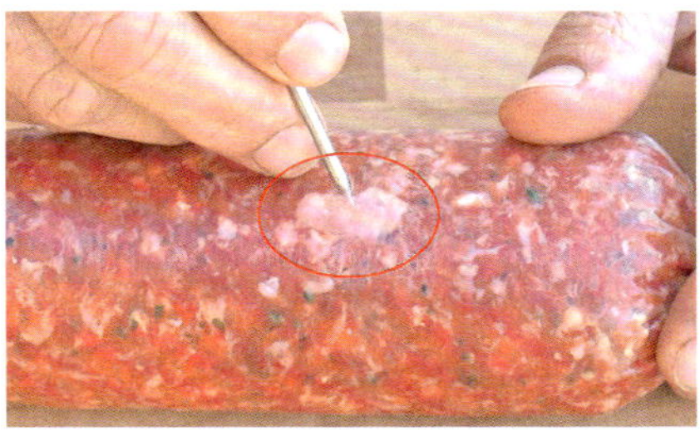

Mit einer Nadel ein kleines Loch hinein machen.

Wie man Landjäger in Form bringt

Dazu gibt es zwei Wege, den Traditionellen mit einer Landjägerpresse oder den Schnellen. Nehmen Sie dazu ein Schneidebrett und legen Sie die Würste mit ausreichend Abstand zwischen den Würsten darauf aus. Nehmen Sie nun 2 Kanthölzchen mit einem Querschnitt von 15x15 mm, und legen Sie jeweils eines an den Rand. Nun kommt ein zweites Schneidebrett oben darauf, und das Ganze wird mit Gewichten beschwert, oder besser mit zwei bis vier Schraubzwingen zusammengedrückt. Die Hölzchen dienen dazu, dass die Würste nur bis 15 mm und nicht weiter zusammengedrückt werden können. Lassen Sie die Würste für etwa 2 Stunden gespannt. Wenn Sie diese Methode anwenden wollen, dürfen die Würste nicht zu stramm gefüllt werden, da sie sonst platzen können.

Kanthölzer an den Rand des Brettes legen.

Mit Schraubzwingen spannen.

Wie man den Wolf „putzt“

und dabei auch noch den kleinsten Rest Fleisch wolfen kann.

Wenn man mit dem Wolfen fertig ist, ist immer noch eine größere Menge Fleisch in der Schnecke, die festsitzt und nicht durchgewolft wird. Mit einem kleinen Trick, lässt sich dieses Problemchen ganz leicht lösen.

Nehmen Sie ein Stück Backpapier etwa doppelt so groß wie eine DIN A4 Seite und zerknüllen Sie es zu einem länglichen Knäuel. Aber Vorsicht dieser Trick funktioniert nur mit <u>Backpapier</u>!

Dann einfach in den laufenden Wolf stopfen und den Wolf so lange laufen lassen, bis vorne kein Brät mehr heraus kommt.
Das Backpapier wird vom Wolfmesser nicht erfasst und nicht zerschnitten. Mit dieser Methode wird selbst noch der kleinste Rest Fleisch durch die Wolfscheibe getrieben.

Füllrohre putzen

Wenn alles erledigt ist und das komplette Brät in Därme oder Gläser abgefüllt ist, geht es an das Putzen. Füllrohre lassen sich nur schlecht reinigen, ganz besonders die Dünnen. Eine ganz simple Lösung ist die Verwendung eines Kochlöffels, mit dem man das im Rohr verbliebene Brät, einfach heraus drückt. Die ganzen Brätreste werden dann miteinander vermischt und abgeschmeckt. Bei Bedarf etwas nachsalzen. Das übrig gebliebene Brät aus allen Füllrohren passt im Regelfall gerade in ein Glas. Dieses dann einfach mit Überraschungswurst beschriften und mit den anderen Wurstgläsern einkochen. Sie werden überrascht sein wie lecker diese „Mischwurst" schmeckt. So sind dann selbst noch die letzten Brätreste ordentlich verwendet.

Wie bekommt man das Brät heraus ?

Mit einem Rührlöffel.

Das Brät einfach herausschieben.

Das Füllrohr ist leer.

Der ideale Rauchstock

und warum man ihn täglich drehen sollte

Wenn man Würste räuchern will, braucht man dazu Rauchstöcke. Bei Räucherschränken sind diese meist nicht standardmäßig mit dabei, oder sie kosten viel Geld. Eine einfache und preiswerte Lösung bieten Dübelstangen aus Holz. Diese sind in allen Baumärkten mit einer Länge von 1 Meter, in unterschiedlichen Durchmessern, für sehr wenig Geld zu bekommen. Ich empfehle einen Durchmesser von 16-20 mm. Diese Dübelstangen gibt es in 2 Ausführungen, glatt und geriffelt.

Nehmen Sie unbedingt die Geriffelten!

In meinen Anfangstagen habe ich Glatte genommen und eine große Menge Würste für eine längere Zeit geräuchert. Als ich sie abhängte, war der Schreck groß. Denn an den Stellen an denen die Würste den Rauchstock berührt haben, hatte sich Schimmel gebildet und die Würste waren verdorben.

Verwenden Sie nur geriffelte Dübelstangen, denn dort kann sich kaum Staunässe bilden und **drehen Sie den Rauchstock täglich um ¼ Umdrehung.** Durch diesen einfachen Trick ist die Kontaktfläche von Wurst und Stock immer trocken und „frisch“ und es kann nichts mehr schief gehen!

Würste auf den Rauchstock hängen

Wenn man die Würste fertig hat, geht es bei den meisten daran, sie zu räuchern, um den Geschmack, das Aussehen und die Haltbarkeit zu verbessern. Sie müssen auf den Rauchstock, ohne dass der Darm oder Saitling reißt. Am einfachsten geht das, wenn Sie die Wurstkette Wurst für Wurst im Kreis herum auf den Rauchstock aufhängen. Fangen Sie ganz nah am Ende an und schieben Sie die aufgehängten Würste dann immer wieder weiter nach hinten. Lassen Sie zwischen den Würsten immer etwas Platz. Die Würste dürfen sich später beim Räuchern nicht berühren, sonst bekommen sie später unschöne helle Stellen.

Die erste Wurst über den Rauchstock hängen.

Die nächste immer in eine Richtung drehend aufhängen.

Jede weitere Wurst wieder in dieselbe Richtung drehend aufhängen.

Zum Schluss die Würste gleichmäßig verteilen, dass immer Luft dazwischen ist.

Anleitung zum Räuchern

Unterschiedliche Hölzer und deren Eigenschaften beim Schinken, Fleisch, Fisch und Wurst räuchern:

Buche	Relativ mildes Raucharoma, rotbraune Farbe. Wird am häufigsten verwendet.
Erle	Kräftiges raffiniertes Raucharoma, schöne intensive rötliche Farbe.
Fichte / Tanne	Nur für Schinken Schwarzwälder Art, ist gesundheitlich bedenklich und sollte nur mäßig verwendet werden. Fast schwarze Farbe, äußerst intensives, leicht scharfes Raucharoma.
Apfelholz	Feines Raucharoma, sehr wohlwollend, rotbraune Farbe.
Zwetschgenholz	Fein würziges Raucharoma, rotbraune Farbe.
Eiche	Kräftiges Raucharoma, eher gelbliche Farbe.
Kirsche	Feines mildes und leicht süßliches Raucharoma, rotbraune Farbe.

Räuchern Sie nur mit unbehandelten, natürlichen Hölzern oder Räuchermehlen. Räuchermehl darf nur aus reinem Holz sein. In Sägemehl aus Schreinereien oder Zimmereien sind meist Späne von Plattenwerkstoffen enthalten, diese setzen gesundheitsschädliche Stoffe frei!

Es gibt zwei Arten zu räuchern:

- Das Kalträuchern
- Das Heißräuchern

Der große Unterschied liegt, wie der Name schon vermuten lässt, in der Temperatur.

Beim Kalträuchern werden Fleisch, Fisch und Wurst haltbar gemacht und außerdem aromatisiert. Die Temperatur sollte 25 °C möglichst nicht übersteigen. Dieses Verfahren kommt bei den Roh-Schinken und den meisten Würsten zum Einsatz.

Beim Heißräuchern verleiht man dem Fleisch, Fisch und den Würsten in kurzer Zeit ein schönes Raucharoma, eine appetitliche rotbraune Farbe und vor allem wird das Räuchergut gegart. Es findet im Temperaturbereich zwischen 60-85 °C statt.
Heißgeräucherte Fleischwaren sind nur noch für kurze Zeit haltbar und sollten möglichst zeitnah verzehrt oder eingefroren werden.

Kalträuchern

Beim Kalträuchern sollte die Rauchtemperatur so niedrig wie möglich sein. Sie sollte, wenn möglich, 25 °C nicht überschreiten. Je kühler der Rauch ist, desto besser.

Es werden möglichst feine Späne verwendet. Ideal ist die Größe 500/1000 (0,5mm-1mm Korngröße), denn je feiner die Späne sind, desto geringer ist die Wärmeentwicklung.
Beim Kalträuchern wird dem Räuchergut Wasser entzogen und der Rauch legt sich auf die äußerste Schicht. Durch seine Inhaltsstoffe wird das Räuchergut besser haltbar und aromatisch.
Auch die Umgebungstemperatur sollte immer möglichst niedrig sein. Dies sollte bei der Aufstellung des Räucherschrankes berücksichtigt werden. Wenn die Umgebungstemperatur niedrig ist, wird es in dem Räucherschrank nicht so leicht wärmer als 25 °C. Wenn beim Räuchern höhere Außentemperaturen vorherrschen, kann es passieren, dass sich ein etwas säuerlicher Geschmack bildet. Wenn der Räucherschrank an einem kühlen Ort steht, passiert das nicht so leicht.

Zwar ist durch den säuerlichen Geschmack das Räuchergut nicht wirklich verdorben, aber es mindert den Genusswert doch ganz erheblich.

Deshalb im Sommer lieber in den Abendstunden räuchern, wenn die Temperaturen etwas zurückgegangen sind.
Falls der Räucherschrank im Freien steht, sollte über dem Kamin ein kleines Dach sein. Fehlt dieses, kann das Räuchergut bei Regenwetter nass werden. Das kann dann sehr leicht zum Verderb und Schimmel führen.

Wenn der Räucherschrank (unisoliert und einwandig) im Freien steht, dann kann es, wenn es sehr kalt ist passieren, dass sich an den Wänden und dem Deckel Kondenswasser bildet. Dies ist nicht weiter schlimm, solange es nicht auf das Räuchergut tropfen kann. Um dies zu vermeiden, kann man einfach ein Stück Pappkarton über dem Räuchergut anbringen. Dabei darauf achten, dass der Rauch nach wie vor ungehindert zirkulieren kann.
Man kann die Bildung von Kondenswasser an den Wänden mit relativ geringem Aufwand verhindern bzw. verringern. Man braucht sich lediglich Styroporplatten kaufen (2-3 cm dick) und diese z.B. mit Schnüren oder Klebeband an der Außenseite vom Räucherschrank befestigen.

Das Räuchergut darf keinesfalls nass sein! Wenn man feuchtes Fleisch räuchert, dann bekommt es mit sehr hoher Wahrscheinlichkeit einen säuerlichen Geschmack. Achten Sie deshalb darauf, dass das Räuchergut oberflächlich trocken ist.

Hängen Sie die Räucherwaren an Schnüren oder Fleischhaken in den Räucherschrank. Achten Sie drauf, dass sich die Räucherwaren nicht berühren, so dass der Rauch jede Stelle erreichen kann, denn sonst bekommen sie unschöne helle Stellen.
Achten Sie darauf, dass sich keine Fliegen oder andere Insekten im Räucherschrank befinden.

Füllen Sie nun die Räucherlade mit feinen Spänen der gewünschten Holzsorte ca. 2-3 cm hoch auf. Bei den allermeisten Räuchermehlen gibt es eine entsprechende Größenangabe. Die Größe 500/1000 (0,5-1mm) hat sich in der Praxis zum Kalträuchern bestens bewährt. Drücken Sie die Späne etwas fest, das ergibt einen besseren und gemächlicheren Abbrand. Jetzt kann das Räuchermehl entzündet werden. Hierfür gibt es zwei unterschiedliche Methoden:

Mit einer Lötlampe

Die Flamme der Lötlampe wird so heiß wie möglich eingestellt. Damit wird eine Stelle im Randbereich des Räuchermehls zum Glühen gebracht. Man muss so lang heizen, bis das Räuchermehl von selbst weiter glimmt. Also nicht zu früh aufhören zu heizen. Je nach Stärke der Flamme kann dies ein paar Minuten in Anspruch nehmen.

Mit Spiritus

Eine Räucherlade mit Spiritus anzuzünden ist recht einfach und sehr bequem. Gießen Sie dazu ein Schnapsglas (20ml) voll Spiritus auf eine Stelle im Randbereich und zünden Sie ihn dann an. In den meisten Fällen glimmt das Räuchermehl, wenn der Spiritus komplett verbrannt ist ordentlich weiter.

Aber Vorsicht!!

Wenn das Anzünden beim ersten Mal nicht geklappt hat! Keinen neuen Spiritus in das heiße Räuchermehl gießen, denn sonst besteht Verpuffungsgefahr!
Falls das Räuchermehl nicht glimmt, abwarten bis alles wieder abgekühlt ist, ehe man es erneut anzündet.

Wenn das Räuchermehl glimmt, wird der Räucherschrank verschlossen. Die Luftzufuhr wird möglichst weit geschlossen, damit das Räuchermehl langsam verglimmt. Kontrollieren Sie immer wieder die Temperatur und achten Sie stets darauf, dass sie 25 °C möglichst nicht übersteigt.

Räuchern im Schnellverfahren.
Wenn die Zeit einmal drängen sollte, kann man Würste auch im Schnellverfahren räuchern. Füllen Sie dazu einfach immer wieder Räuchermehl nach, noch bevor alles komplett verglimmt ist. So können Sie permanent räuchern, bis die Räucherwaren den gewünschten Rauchgrad erreicht haben. Lassen Sie die Würste am besten nach dem letzten Rauchgang noch ein bis zwei Tage im Schrank hängen, bis sich die anfängliche Rauchschärfe gelegt hat.

Ich empfehle aber auf jeden Fall etappenweise zu räuchern. Das Räuchern im Schnellverfahren sollte wirklich nur dann angewendet werden, wenn die Zeit drängen sollte. Der Rauchgeschmack und der Geruch werden, wenn man in Etappen räuchert, viel milder, aromatischer und auch wohlschmeckender. Die Geduld lohnt sich, das kann ich Ihnen versprechen.

Etappenweise Räuchern.
Wenn man in Etappen räuchert, macht man eine Pause von ca. 12-16 Stunden zwischen den Rauchgängen.

Ein kurzes Beispiel:
Man zündet die Räucherlade am Samstagabend um 18 Uhr an. Die Räucherlade glimmt nun ca. 8 Stunden lang. Der Rauchgang endet also in der Sonntagnacht um 2 Uhr. Ab diesem Zeitpunkt sollte nun eine Pause von etwa 12 Stunden gemacht werden. Man könnte also am Sonntagmittag um 14 Uhr den nächsten Rauchgang machen.
Man muss es aber gar nicht so genau nehmen und etwas längere Pausen sind immer besser. Um die Sache zu vereinfachen kann man täglich zur selben Zeit mit dem Rauchgang beginnen. Man hat dann immer eine Räucherpause von ca. 16 Stunden.

Wenn Sie in der wärmeren Jahreszeit etappenweise räuchern, sollten die Fleisch- und Wurstwaren in den Pausen bei möglichst kühlen Temperaturen gelagert werden. Beachten Sie dann aber unbedingt die später noch folgenden Hinweise, siehe:
„Große Temperaturunterschiede zwischen der Umgebungsluft und den Räucherwaren“

Der Sparbrand.
Mit ihm können Sie die Rauchdauer verlängern, die Rauchtemperatur senken und gleichzeitig Räuchermehl sparen.

Schütten Sie dazu das Räuchermehl in der Form eines „U“ in die Räucherlade, anstatt sie komplett aufzufüllen. Die Höhe sollte auch hier etwa 2-3 cm betragen und das Räuchermehl muss vor dem Anzünden ebenfalls durch leichtes Pressen verdichtet werden. Mit dieser Vorgehensweise verlängert sich die Rauchdauer, je nach der Größe der Räucherlade, auf bis zu 12 Stunden.

Sie brauchen trotz einer wesentlich längeren Rauchdauer weniger Räuchermehl. Der zweite angenehme Nebeneffekt ist der, dass wegen der viel kleineren Glutmenge die Temperatur im Räucherschrank viel niedriger bleibt. Deshalb eignet sich diese Vorgehensweise auch ganz besonders für die etwas wärmere Jahreszeit.
Alternativ kann man sich auch einen „Sparbrand-Einsatz" kaufen, dieser erfüllt den gleichen Zweck.

Leichteres Anzünden der Räucherlade.
Die saubere weiße Asche, die beim Abglimmen entsteht, sollte man in der Räucherlade belassen. Denn diese unterstützt einen sauberen Abbrand. Sie isoliert das Räuchermehl gegen das Blech der Räucherlade und verhindert so effektiv, dass die Glut erlischt. Räuchermehl, das auf einem "Bett" aus sauberer weißer Asche liegt, lässt sich auch viel einfacher anzünden.
Wenn man einen Räucherschrank neu gekauft hat, kann man den Blechkasten mit etwas sauberer Asche aus einem Holzofen auffüllen. So ist es direkt, schon von Anfang an, sehr viel einfacher das Räuchermehl zu entzünden.

Das sollten Sie beim Kalträuchern unbedingt beachten

Große Temperaturunterschiede zwischen der Umgebungsluft und den Räucherwaren.
Wenn man die Würste im Kühlschrank aufbewahrt hat, dann sind diese oftmals viel kälter als die Luft im Räucherschrank. Wenn warme Luft auf kalte Räucherwaren trifft, dann entsteht Kondenswasser. Wie schon zu Beginn erwähnt, kann wenn man feuchtes Fleisch oder Würste räuchert, ein säuerlicher Geschmack entstehen. Deshalb bei größeren Temperaturunterschieden den Räucherschrank mit den Würsten befüllen und vor dem Räuchern etwa eine Stunde abwarten. So kann sich die Temperatur angleichen. Falls sich auf dem Räuchergut Kondenswasser gebildet haben sollte, kann dieses mit einem Küchentuch entfernt werden. Wenn alles trocken ist, kann mit dem Räuchern begonnen werden.

Sehr hohe Luftfeuchtigkeit, beispielsweise bei Nebel.
Im Herbst ist die Luftfeuchtigkeit oft sehr hoch, insbesondere bei Nebel. Wenn man dann räuchert, kann sehr leicht ein säuerlicher Geschmack entstehen. Verzichten Sie deshalb darauf, bei Nebel zu Räuchern und warten Sie lieber einen Tag ab.

Räuchern im Smoker.
Zum Kalträuchern sind kleine Smoker nicht geeignet, da in ihnen sehr schnell zu hohe Temperaturen entstehen. Sehr große Smoker können mit dem Sparbrand verwendet werden. Testen Sie aber am besten im Voraus, ohne Räuchergut, ob die Temperatur unter 25 °C bleibt.

Den Rauch aromatisieren und würzen.
Man kann Rauch durch die Zugabe von Räucher-Zusätzen würzen. Wenn dies erwünscht ist, einfach die Räucher-Zusätze in das Räuchermehl mischen. Aber übertreiben Sie es damit nicht, denn hier gilt wie so oft im Leben, weniger ist meist mehr.

Als groben Richtwert kann man sagen, dass man zwischen 10-100 Gramm Räucher-Zusatz pro Kilogramm Räuchermehl verwenden kann. Mit 100 Gramm erreicht man allerdings eine sehr intensive Würzung. Beginnen Sie lieber mit kleinen Mengen und tasten Sie sich langsam an die von Ihnen als angenehm empfundene Menge heran. Bedenken Sie: Etwas stärker machen ist sehr einfach, wenn aber zu viel daran ist, bekommt man es nicht mehr weg!

Zum Aromatisieren eignen sich folgende Zusätze besonders gut:

- Basilikum
- Lorbeerblätter
- Liebstöckel, auch bekannt als „Maggikraut“
- Paprikapulver
- Rosmarin
- Salbei
- Tannennadeln
- Tannenzapfen
- Wacholderbeeren

- Wacholdernadeln
- Wacholderästchen
- Weinreben

Gerüche sind schwer zu beschreiben, deshalb empfehle ich Ihnen, die Räucher-Zusätze selbst zu testen. Entzünden oder verglimmen Sie kleine Mengen davon. Fächeln Sie sich dann ein bisschen von dem Rauch zu und entscheiden Sie dann, ob Ihnen der Geruch gefällt oder eher nicht.

Experimentieren Sie und erstellen Sie sich dann, im Lauf der Zeit, Ihre eigene persönliche Räuchermischung, die somit einzigartig ist. Wer weiß, vielleicht werden Ihre Kinder oder Enkel die Rezeptur später wie einen Schatz hüten.

Räuchern bei Minusgraden.
Nur wenige haben eine Rauchkammer in ihrem Haus und das Wetter fragt nicht, ob es jetzt kalt sein darf oder nicht. So ergibt es sich immer wieder, dass man räuchern möchte, aber Minusgrade herrschen. Das stellt aber zum Glück kein Problem dar. Durch den Salzgehalt in der Wurst muss es schon äußerst kalt werden, bis das Räuchergut gefriert.
Beim Räuchern bei Minusgraden muss lediglich beachtet werden, dass es etwas länger dauert, bis die Würste Farbe bekommen und den Rauchgeschmack annehmen. Wenn es also sehr kalt ist, einfach einige Rauchgänge mehr machen, bis die Würste den gewünschten Rauchgeruch und die gewünschte Farbe angenommen haben.

Wie lange dauert ein Rauchgang und wie oft soll geräuchert werden?
Diese Frage wird mir immer wieder gestellt, sie kann aber leider nicht so einfach pauschal beantwortet werden. Wenn in diesem Ratgeber die Rede von einem Rauchgang ist, dann gehe ich von einer Rauchdauer von ca. 6-8 Stunden mit dichtem Rauch aus.

Beachten Sie aber Folgendes: Es gibt unzählige Faktoren die einen erheblichen Einfluss darauf haben, wie intensiv ein Rauchgang bei Ihnen vor Ort, mit Ihren Gegebenheiten sein wird.

Um nur ein paar davon zu nennen:

- Wie viel Räuchermehl passt in die Räucherlade.
- Wie weit ist die Luftzufuhr / Abluftöffnung geöffnet.
- Wie hoch sind die Temperaturen.
- Wie groß ist der Räucherschrank / Rauchkammer.
- Wie dicht ist der Rauch.

Und nicht zu vergessen, der persönliche Geschmack des Wurstmachers! Dieser macht den gravierendsten Unterschied aus. Denn was für den einen noch zu wenig ist, kann für den anderen schon zu viel sein!
Ich empfehle deshalb immer, nach seinen persönlichen Vorlieben zu entscheiden und die Angaben eher als grobe Richtwerte zu sehen. Räuchern Sie so lange oder so kurz, wie Sie es möchten. So lange bis die Würste genau die Rauchnote haben die Ihnen gefällt.

Kann auf das Räuchern verzichtet werden?
Das Räuchern ist generell kein Muss. Wenn man darauf verzichtet, schmeckt man beim fertigen Produkt noch viele feine Nuancen, die vom Rauch überdeckt werden würden. Außerdem bleibt das Räuchergut etwas saftiger.
Es ist allerdings so, dass das Räuchern eine konservierende Wirkung hat, welche dann aber fehlt. Dadurch sind die Räucherwaren dann nicht so lange haltbar. Man sollte sie deshalb lieber zeitnah verzehren oder durch Einfrieren haltbar machen. Früher als es noch keine Kühlschränke und Gefriertruhen gab und man nur ein- bis zweimal pro Jahr geschlachtet hat, war es viel schwieriger Fleisch und Wurst haltbar zu machen. Damals war das Räuchern ein Muss, um Fleisch und Wurst, ohne Unmengen von Salz lagern zu können. Heute genießt man aber den Luxus, dass auch Ungeräuchertes relativ lange konserviert werden kann.

Das Wichtigste zum Kalträuchern in Kürze:

- Das Räuchergut muss oberflächlich trocken sein, weil feuchtes Räuchergut später einen säuerlichen Geschmack bekommt.
- Vermeiden Sie große Temperaturunterschiede zwischen den Räucherwaren und der Umgebungsluft.
- Die Schinken oder Würste luftig aufhängen, der Rauch muss an jede Stelle kommen.
- Darauf achten, dass keine Insekten im Räucherschrank sind.
- Die Räucherlade ca. 2-3 cm hoch mit möglichst feinen Spänen (500/1000) füllen und etwas zusammenpressen.
- Räuchermehl in U-Form einfüllen, das spart Räuchermehl.
- Luftzufuhr so weit wie möglich schließen, damit das Räuchermehl langsam verglimmt.
- Die Temperatur im Räucherschrank sollte beim Kalträuchern 25 °C möglichst nicht übersteigen.
- Es empfiehlt sich, in Etappen zu räuchern, mit jeweils 12-16 Stunden Pause zwischen den Rauchgängen.
- Ein Rauchgang sollte in etwa 6-8 Stunden dauern, aber gerne auch länger.
- Bevor man die fertigen Würste verzehrt, am besten einen oder zwei Tage ruhen und etwas nachreifen lassen. Der anfänglich noch scharfe Rauchgeschmack mildert sich dadurch ab.

Heißräuchern

Das Heißräuchern hat keine konservierende Wirkung. Das Fleisch wird gegart und das enthaltene Eiweiß gerinnt. Es wird deshalb nur für Wurstspezialitäten eingesetzt, die danach zeitnah verzehrt werden. Das Heißräuchern verleiht den Räucherwaren in kurzer Zeit eine intensive Rauchnote und färbt sie dabei appetitlich.
Zum Heißräuchern werden grobe Späne oder sogar Hackschnitzel verwendet. Denn hier braucht man eine möglichst hohe Wärmeentwicklung, damit sich der Räucherschrank ordentlich aufheizt.
Die Temperatur sollte auch hier zwischendurch immer wieder kontrolliert werden. Sie sollte im Bereich von 60-85 °C liegen.

Ist die Temperatur zu hoch, muss die Luftzufuhr gedrosselt werden. Ist die Temperatur zu niedrig, muss man die Luftzufuhr weiter öffnen und nach Bedarf mehr Späne nachlegen. Es erfordert schon ein wenig Übung, um die richtige Temperatur zu erreichen und zu halten.

Um möglichst einfach eine hohe und gleichmäßige Temperatur zu erzielen, kann man sich aber auch eines einfachen Tricks bedienen. Es gibt für Räucherschränke elektrische Heizspiralen. Diese schaffen die erforderliche Temperatur. Den Rauch erzeugt man einfach wie beim Kalträuchern, mit feinen Spänen. So muss man nicht mehr viel kontrollieren und das Heißräuchern wird so zum Kinderspiel. Aber Vorsicht, positionieren Sie die Heizspirale mit Abstand über dem Räuchermehl. Denn wenn die Spirale dem Räuchermehl zu nahe kommt, kann sich dieses entzünden. Je größer die Heizleistung ist, desto größer sollte der Abstand sein.

Zum Heißräuchern sind auch Smoker sehr gut geeignet.

Um Würste zu aromatisieren, genügt in der Regel eine Rauchdauer von 30-60 Minuten. Genaue Werte anzugeben ist schwierig, weil das Ergebnis stark von der Temperatur und der Rauchdichte abhängt. Entscheiden Sie einfach nach Ihrem persönlichen Geschmack, wie kurz oder lange Sie Heißräuchern.

Noch ein Trick: Würste kann man auch zuerst brühen und dann im noch warmen Zustand kalt räuchern. Das ergibt ein ähnliches Ergebnis wie beim Heißräuchern, nur muss man nicht nach der Temperatur schauen.

Das Wichtigste zum Heißräuchern in Kürze

- Heißräuchern hat keine konservierende Wirkung, deshalb das fertige Räuchergut zeitnah verzehren oder einfrieren.
- Die Temperatur sollte im Bereich von 60-85 °C liegen.
- Um die höheren Temperaturen zu erreichen verwendet man grobes Räuchermehl.
- Mit einer Heizspirale kann der gewünschte Temperaturbereich einfach erreicht werden, Abstand zum Räuchermehl halten!

Lagerung von Wurst

Lagerung von Wurstgläsern.

Besonders für Anfänger ist es empfehlenswert, Wurst in Gläser einzukochen. Diese müssen jedoch bei unter 7°C gelagert werden, um Botulismus vorzubeugen. Sie sind für ca. 4-6 Monate lagerfähig. Wurstgläser müssen vor Licht geschützt gelagert werden. Die im Sonnenlicht enthaltenen UV-Strahlen lassen Fett ranzig werden, und führen zu unschönen Verfärbungen.

Lagerung von Würsten.

Rohwürste die nicht kalt geräuchert wurden und in Sterildärmen sind, wie z.B. Zwiebelmettwurst, müssen unmittelbar nach der Herstellung eingefroren oder zeitnah verzehrt werden. Sie sind im Kühlschrank für einige Tage haltbar. Geräucherte Rohwürste sind nur geringfügig länger haltbar als Ungeräucherte. Auch diese können nur für einige Tage kühl gelagert werden. Sie sollten ebenfalls zeitnah verzehrt oder direkt eingefroren werden.

Brühwürste und Kochwürste sind wegen der feinen Wolfung und des Kochvorgangs nur für einige Tage haltbar. Sie sollten möglichst kühl gelagert oder direkt nach der Herstellung portionsweise eingefroren werden.

Bratwürste, die nicht geräuchert wurden, können luftig im Kühlschrank für einige Tage gelagert werden. Alternativ können sie auch direkt eingefroren werden.
Geräucherte (und nicht gebrühte) können luftig bei kühlen Temperaturen 1-2 Wochen gelagert werden. Sie werden dabei allerdings immer härter und trockener. Die Lagerung sollte im Dunklen erfolgen, da UV Licht das Fett ranzig werden lässt.
Alternativ können sie auch direkt eingefroren werden. Das Raucharoma wird durch das Einfrieren sogar noch besser und milder.

Schnittfeste Rohwürste (z.B. Salami) sollten am Stück **nicht** im Kühlschrank gelagert werden. Sie können in einem dunklen und kühlen Raum (ca. 15 Grad, maximale Luftfeuchtigkeit 70-75%) für einige Wochen gelagert werden. Mit zunehmender Lagerung werden sie aber immer trockener und fester. Aufgeschnittene Salami sollte hingegen gestapelt im Kühlschrank gelagert werden, um zu starke Austrocknung zu vermeiden.
Man kann schnittfeste Rohwürste, wenn sie fertig gereift sind, auch vakuumieren und bei 0-4 °C aufbewahren.
Zum Vakuumieren muss man aber ein speziell dafür konzipiertes Gerät verwenden. Ein herkömmliches Folienschweißgerät saugt zwar auch die Luft ab, ist aber nicht in der Lage ein Vakuum herzustellen und die Würste können dann schimmeln. Nur unter Vakuum wird Schimmelbildung verhindert.

Generelle Hinweise zum Einfrieren.

Offiziell heißt es, dass eingefrorene Wurst ca. 2 Monate haltbar ist, meine eigenen Erfahrungen haben mir aber gezeigt, dass die meisten Würste selbst nach 3 Monaten noch gut genießbar sind.

Um Qualitätsverluste so gering wie möglich zu halten, sollte die Wurst so schnell wie möglich tiefgefroren werden. Viele Gefriertruhen haben ein "Schnellgefrierfach", das wesentlich kühler ist, verwenden Sie am besten dieses.

Die Wurst am besten vakuumiert und portionsweise einfrieren. Die Behältnisse mit dem Einfrierdatum beschriften, damit man den Überblick über die Lagerdauer behält.

Anleitung zur Herstellung von Bratwürsten

Die folgende Anleitung und Vorgehensweise gilt für alle Wurstrezepte dieser Kategorie (Seite 68-81)

Grundsätzliches:
Bratwurst machen ist sehr einfach, ohne großen Aufwand und mit wenig „Werkzeug" möglich. Wie der Name schon sagt, sind sie ideal zum Braten und Grillen, doch auch roh oder geräuchert bereichern sie jedes Vesper.
Es können jegliche Fleischabschnitte genommen werden.

TIPP:
Wenn man auch Schinken macht, sollte man diese als erstes machen, denn die Fleischabschnitte davon sind perfekt.

Die besten Fleischstücke sind:
Schlegel und Schulter, für den Fettanteil ist Schweinebauch am besten geeignet. Es eignet sich nicht nur Schwein, sondern alle Tierarten wie zum Beispiel: Wild, Ziege, Hase, Schaf, Rind usw.

Am besten sollte Bratwurst aus ca. 60% Schweinefleisch bestehen, durch den höheren Fettanteil im Schweinefleisch wird sie saftiger und nicht so trocken.

Achten Sie immer darauf, dass das Fleisch sauber von Sehnen und Knorpeln befreit ist, so ist der spätere Genuss höher.
Bei der Herstellung werden die Gewürze und das Salz direkt beim Wolfen zugegeben. Das Brät wird solange gerührt, bis es eine leichte Bindung aufweist. Rührt man zu wenig, wäre die Wurst später krümelig wie ein Hackbraten. Rühren Sie zu lange, bis eine „richtig klebrige" Bindung entsteht, wird die Wurst später sehr fest.
Eine Bratwurst sollte später geschmeidig zart im Biss sein.

Das Brät sollte nach dem Rühren nicht wärmer als 13 °C sein.
Bratwurst kann sehr gut in Gläser gefüllt und eingekocht werden, so ist sie lange haltbar.
Bratwürste können direkt nach dem Befüllen der Därme auch roh verzehrt werden. Sie können, aber müssen nicht reifen.

Wenn man möchte, kann man Bratwürste auch für 30-45 Minuten heißräuchern. Dadurch bekommen die Würste ein ganz besonderes Aroma und die Konsistenz verändert sich, die Würste werden etwas bissfester.
Die Bratwürste in diesem Buch, sind immer ungekocht, das ist die schwäbische Art und zugleich eine Delikatesse. Sie können die fertig gefüllten Würste auch brühen, gehen Sie dazu vor, wie es im Kapitel „Brühen von Würsten“ beschrieben ist. Durch das Erhitzen, egal ob beim Brühen oder Heißräuchern, bekommen sie eine ganz andere Aromatik und Konsistenz. Nur wird dadurch die Haltbarkeit reduziert, so dass es ratsam ist, sie zeitnah aufzuessen oder direkt einzufrieren.

Je nach Ihrer Vorliebe können alle Bratwürste im Anschluss auch kalt geräuchert werden. So schmecken sie noch würziger und können auch länger gelagert werden (nur die Ungebrühten). Mit der Zeit verändert sich ihr Aroma und sie werden immer härter. Das tut den Würsten geschmacklich gut und mit einem Messer dünn aufgeschnitten, zusammen mit einer Scheibe Brot gegessen, werden sie zu einer wahren Delikatesse.
Vermeiden Sie beim Füllen der Gläser und Därme Lufteinschlüsse. Falls doch einmal Luft darin ist, durch einstechen mit einer Nadel herauslassen.

Folgende Därme sind ideal zur Herstellung:
- Schafdarm Kaliber 20/22 oder 24/26
- Eiweißsaitling Kaliber 20 - 30
- Schweinedarm Kaliber 24/26 oder 28/30

Sie haben folgende Eigenschaften:
- rauchdurchlässig
- reifefähig
- zum Braten, Grillen und Kochen geeignet
- essbar

Einkochen in Gläser:
Um die Oxidation von eingekochter Bratwurst zu verringern, können Sie 0,35 g Ascorbinsäure je Kilogramm Wurstmasse hinzufügen. Da die Ascorbinsäure sauer ist, schmeckt man diesen Zusatz leicht heraus. Als Alternative kann man die Oberfläche des Bräts nach dem Füllen mit Speiseöl bepinseln. Ascorbinsäure ist in den meisten Lebensmittelgeschäften erhältlich, ansonsten in Drogerie-Geschäften oder in der Apotheke.

Wenn man auf Bindemittel verzichtet, tritt beim Einkochen von Bratwurstbrät, immer ein bisschen Wasser und Fett aus. Man kann dem Brät je Kilogramm 5 Gramm Gelatine-Pulver zugeben. Dann wird aus der ausgetretenen Flüssigkeit später eine leckere Sülze, die als Brotaufstrich von vielen geschätzt wird.
Wenn man dem Wurstbrät noch 10-15 g Eigelb je kg Wurstmasse zugibt, wird die eingekochte Wurst weniger kompakt, dafür etwas fluffiger. Zusätzlich trägt das Eigelb zur Bindung von Flüssigkeit bei.

Das Wichtigste in Kürze:
- Bratwürste sind die einfachsten und am schnellsten gemachten Würste. Man kann jegliche Fleischabschnitte von allen Tieren verwenden.
- Ideal dafür ist Schweinefleisch, wegen des etwas höheren Fettgehalts. Die Gewürze werden schon beim Wolfen zugegeben. Grobes Salz kommt anschließend direkt ins Brät, feines Salz kann mitgewolft werden.
- Das Brät solange rühren, bis eine leichte Bindung entsteht. Wenn sie zu lange rühren, wird die Wurst später sehr fest, rühren Sie zu wenig, hat sie keine Bindung und zerfällt später wie ein Hackbraten.
- Nach dem Rühren sollte das Brät nicht wärmer als 13 °C sein.
- Bratwürste können, aber müssen nicht reifen.
- Man kann sie direkt nach dem Füllen roh essen, braten oder grillen. Man kann sie sehr gut in Gläser einkochen.
- Wenn man sie lagern möchte, einfach 1-3 mal kalt räuchern.

- Sie können nach dem Befüllen der Därme auch eingefroren werden. So sind sie immer schnell zur Hand und werden nicht schrumpelig und hart.

Generelle Vorgehensweise bei der Bratwurst-Herstellung
Die Verarbeitung der Fleischwaren ist immer identisch.
Was sich unterscheidet, ist das Folgende:

- die Wolfung des Fleisches und des Fettes
- das Kaliber
- die Längen der Würste
- wie oft man räuchert (wobei die Anzahl nur Vorschläge sind)

Diese Angaben werden gesondert in den Rezepten aufgeführt.

Der Ablauf:

- Das Fleisch wolfgerecht zuschneiden, 2-3cm breite und ca. 20 cm lange Stücke.
- Das Fleisch, das Fett und den Knoblauch zusammen mit den Gewürzen und dem Salz wolfen.
- Alle Zutaten miteinander vermengen bis es leicht bindet.
- Das Brät in den entsprechenden Darm füllen.
- Die Würste auf die entsprechende Länge abdrehen.
- Achten Sie dabei auf Lufteinschlüsse, falls vorhanden beseitigen Sie diese durch einstechen mit einer Nadel.

Die Würste können sofort verzehrt werden.

Wenn sie möchten, können die oberflächlich trockenen Würste, noch 1-4 mal kalt geräuchert werden.

Wenn Sie die Wurstmasse in Gläser einkochen möchten, dann füllen Sie 1 bis 2 cm unter den Rand. Es gelten folgende Kochzeiten:

- 200 g Gläser bei 100 °C 90 Minuten
- 400 g Gläser bei 100 °C 120 Minuten

Bratwurst Nürnberger Art

750 g Schweinefleisch jeglicher Art mit 30% Fettanteil
250 g mageres Rindfleisch
20 g Salz
2,3 g gemahlenen schwarzen Pfeffer
1 g gerebelten Majoran
0,5 g gemahlene Muskatblüte (Macis)
0,25 g gemahlenen getrockneten Ingwer

- Alle Zutaten durch die 3 mm Scheibe wolfen.
- Schafdarm Kaliber 20/22 oder Eiweißsaitling Kaliber 20.
- Die Würste auf eine Länge von 10 cm abdrehen.
- Wenn Sie mögen, können Sie die Würste 1 mal kalt räuchern.

Curry-Paprika-Bratwurst

800 g mageres Schweinefleisch
200 g fetter Schweinebauch ohne Fleischanteil
25 g Sahne
20 g Salz
5 g gemahlenen edelsüßen Paprika
3 g Currypulver
1 g gemahlenen weißen Pfeffer
1 Ei

- Alle Zutaten durch die 4,5 mm Scheibe wolfen.
- Das Ei schaumig schlagen.
- Schweinedarm Kaliber 24/26, Schafdarm Kaliber 24/26 oder Eiweißsaitling Kaliber 24 verwenden.
- Die Würste auf 25-30 cm abdrehen.
- Die Würste sind nur einen Tag lang im Kühlschrank lagerfähig. Das Räuchern entfällt. Man sollte sie entweder sofort einfrieren, nur so viel davon machen wie man direkt essen möchte, oder das Brät in Gläser einkochen.

Feine Bauern-Bratwurst

1000 g Schweinefleischabschnitte, Fettanteil 20%
20 g Salz
8 g fein gehackten frischen Knoblauch
2,2 g gemahlenen schwarzen Pfeffer
0,8 g gemahlenen Piment
0,3 g gemahlenen Majoran

- Das Fleisch auf 6 mm, das Fett auf 4,5 mm wolfen.
- Schweinedarm Kaliber 24/26, Schafdarm Kaliber 24/26 oder Eiweißsaitling Kaliber 24 verwenden.
- Die Würste auf 20cm abdrehen.
- Wenn Sie mögen, können Sie die Würste 1-2 mal kalt räuchern.

Grobe Bauern-Bratwurst Heuberger Art

1000 g Schweinefleischabschnitte, Fettanteil 20%
20 g Salz
10 g fein gehackten frischen Knoblauch
2,2 g gemahlenen schwarzen Pfeffer
1 g gemahlenen Macis
0,8 g gemahlenen Piment
0,3 g gerebelten Majoran

- Das Fleisch auf 8 mm, das Fett auf 6 mm wolfen.
- Schweinedarm Kaliber 26/28 oder Eiweißsaitling Kaliber 26/28 verwenden.
- Die Würste auf 20cm abdrehen.
- Wenn Sie mögen, können Sie die Würste 2-3 mal kalt räuchern.

Grobe Bauern-Bratwurst

500 g	magere Schulter oder Schlegel vom Schwein
300 g	mageres Rindfleisch
200 g	fetter Schweinebauch ohne Fleischanteil
20 g	Salz
3 g	gemahlenen weißen Pfeffer
1 g	gemahlene Muskatnuss
1 g	gerebelten Majoran
0,5 g	geriebene Bio-Zitronenschale (nur das Gelbe!)

- Alle Zutaten durch die 6 mm Scheibe wolfen.
- Schweinedarm Kaliber 28/30, Schafdarm Kaliber 24/26 oder Eiweißsaitling Kaliber 28.
- Die Würste auf 15-20 cm abdrehen.
- Wenn Sie mögen, können Sie die Würste 2 mal kalt räuchern.

Majoran-Bratwurst

800 g	mageres Schweinefleisch
200 g	Schweinefett vom Rücken
23 g	Salz
6 g	gemahlenen edelsüßen Paprika
5 g	frischen fein gehackten Knoblauch
3 g	gemahlenen schwarzen Pfeffer
1 g	gerebelten Majoran

- Alle Zutaten durch die 4,5 mm Scheibe wolfen.
- Schweinedarm Kaliber 24/26, Schafdarm Kaliber 24/26 oder Eiweißsaitling Kaliber 26.
- Die Würste auf 15 cm abdrehen.
- Wenn Sie mögen, können Sie die Würste 2 mal kalt räuchern.

Paprika-Bratwurst mit Kümmel

640 g mageres Schweinefleisch
360 g Schweinebauch mit 60% Fettanteil
21 g Salz
10 g gemahlenen edelsüßen Paprika
6 g frischen fein gehackten Knoblauch
3 g gemahlenen schwarzen Pfeffer
3 g geschroteten Kümmel

- Alle Zutaten durch die 6 mm Scheibe wolfen.
- Schafdarm Kaliber 20/22 oder Eiweißsaitling Kaliber 20.
- Die Würste auf 25-30 cm abdrehen.
- Wenn Sie mögen, können Sie die Würste 2-3 mal kalt räuchern.
- Sie wird am besten rundum goldgelb gebraten.

Paprikawurst herzhaft und scharf

1000 g kerniger Schweinerücken mit 80% Fleischanteil
20 g Salz
10 g gemahlenen edelsüßen Paprika
5 g gemahlenen rosenscharfen Paprika
4 g frischen fein gehackten Knoblauch
2 g gemahlenen schwarzen Pfeffer
2 g geschroteten Kümmel
0,3 g gerebelten Oregano

- Alle Zutaten durch die 6 mm Scheibe wolfen.
- Schweinedarm Kaliber 24/26, Schafdarm Kaliber 24/26 oder Eiweißsaitling Kaliber 26.
- Die Würste auf mindestens 40 cm abdrehen.
- Wenn Sie mögen, können Sie die Würste 4 mal kalt räuchern.

Paprika-Knoblauch-Bratwurst

800 g mageres Schweinefleisch jeglicher Art
200 g fetter Schweinebauch ohne Fleischanteil
20 g Salz
10 g gemahlenen edelsüßen Paprika
5 g frischen fein gehackten Knoblauch
3 g gemahlenen schwarzen Pfeffer

- Alle Zutaten durch die 4,5 mm Scheibe wolfen.
- Schweinedarm Kaliber 24/26, Schafdarm Kaliber 24/26 oder Eiweißsaitling Kaliber 26 verwenden.
- Die Würste auf 12-15 cm abdrehen.
- Wenn Sie mögen, können Sie die Würste 2 mal kalt räuchern.

Pilz-Bratwurst

600 g mageres Schweinefleisch
360 g fetter Schweinebauch mit 10% Fleischanteil
120 g trockenen Rotwein
40 g frische oder 4 g getrocknete Pilze nach Belieben
20 g Salz
10 g frische kleingehackte Petersilie
4 g gemahlenen edelsüßen Paprika
1 g gemahlenen weißen Pfeffer

- Die kleingehackten Pilze im Rotwein für 20 Minuten garen, dann durch ein Küchensieb abtropfen lassen. Der abgetropfte Rotwein wird nicht weiterverwendet.
- Alle Zutaten durch die 4,5 mm Scheibe wolfen.
- Schweinedarm Kaliber 24/26, Schafdarm Kaliber 24/26 oder Eiweißsaitling Kaliber 26 verwenden.
- Die Würste auf 20 cm abdrehen.

Die Würste eignen sich vorzüglich zum Grillen oder Anbraten. Wegen der Pilze sollten diese Bratwürste rasch verzehrt werden. Sie eignen sich <u>nicht</u> zum Einfrieren oder Einkochen.

Scharfe zitronige Wurst zum Anbraten oder Garen

800 g mageres Schweinefleisch
200 g fetter Schweinebauch ohne Fleischanteil
21g Salz
3 g gemahlenen Cayennepfeffer
1 g gemahlenen Kümmel
1/2 BIO-Zitrone

- Alle Zutaten durch die 4,5 mm Scheibe wolfen.
- Die Zitronenschale abraspeln (nur das Gelbe verwenden!) und den Saft ausdrücken. Der Saft kommt in das Brät.
- Schweinedarm Kaliber 28/30, oder Eiweißsaitling Kaliber 28.
- Die Würste auf 20 cm abdrehen.

Die Würste können gebraten oder in Brühe gegart werden.

Bierbeißer

600 g magere Schulter vom Schwein
400 g Bauch vom Schwein mit 50% Fleischanteil
23 g Salz
3 g gemahlenen schwarzen Pfeffer
2 g frischen fein gehackten Knoblauch
0,5 g gemahlene Senfkörner
0,5 g geschroteten Kümmel
0,5 g gemahlenen edelsüßen Paprika
0,5 g Zucker

- Alle Zutaten durch die 4,5 mm Scheibe wolfen.
- Schafdärme Kaliber 20/22 oder Eiweißsaitling Kaliber 20.
- Die Würste auf 35 cm abdrehen.
- Die Würste werden 2 Tage bei 15-18 °C getrocknet.
- Danach 2 mal kalt räuchern.

Die Würste können luftig aufbewahrt werden, allerdings werden sie dann sehr hart. Sie eignen sich dann auch als herzhafte Suppeneinlage.

Heuberger Dauerwurst

600 g	Schulter
400 g	Schweinebauch mit 50% Fettanteil
24 g	Salz
6 g	fein gehackten frischen Knoblauch
3 g	gemahlenen schwarzen Pfeffer
1 g	gemahlenen Paprika edelsüß
0,6 g	geschroteten Kümmel
0,6 g	gemahlene Senfkörner
0,2 g	gemahlenen Rosmarin

- Alle Zutaten durch die 4,5 mm Scheibe wolfen.
- Eiweißsaitling Kaliber 28 oder Schweinedarm Kaliber 28/30.
- Die Würste auf 20 cm abdrehen.
- Die Würste 3 mal kalt räuchern.

Die Würste können luftig aufgehängt ohne Kühlung gelagert werden. Mit zunehmender Lagerung werden sie aber immer trockener und fester. Wenn sie richtig hart sind, mit einem scharfen Messer in dünne Scheiben schneiden und mit kräftigem Schwarzbrot genießen.

Landjäger Hausmacher Art

360 g magere Schulter oder Schlegel vom Schwein
360 g mageres Rindfleisch
280 g Schweinebauch mit 25% Fleischanteil
22 g Salz
2,5 g Zucker
2,2 g gemahlenen weißen Pfeffer
1,5 g ganzen Kümmel
1,5 g gemahlene Senfkörner

- Fleischwaren wolfgerecht zuschneiden und anfrieren.
- Alle Zutaten durch die 4,5 mm Scheibe wolfen.
- Schafdarm Kaliber 24/26 oder Eiweißsaitling Kaliber 26.
- Die Würste auf 20 cm abdrehen.
- Die Wurst wird nun in der Landjäger-Presse oder wie auf Seite 46 beschrieben, zwischen 2 Brettern, in ihre typische Form gebracht.
- Die Würste werden, nach oberflächlicher Trocknung, 4-6 mal kalt geräuchert, bis sie ihre typische Landjäger-Farbe haben.

Pfefferwurst

800 g mageres Rindfleisch
200 g fetter Schweinebauch ohne Fleischanteil
20 g Salz
5 g frischen fein gehackten Knoblauch
5 g gemahlenen schwarzen Pfeffer
1 g gemahlenen edelsüßen Paprika
0,5 g gemahlenen Beifuß

- Alle Zutaten durch die 6 mm Scheibe wolfen.
- Schafdarm Kaliber 20/22 oder Eiweißsaitling Kaliber 20.
- Die Würste auf 25 cm abdrehen.
- Die Würste 1-3 mal kalt räuchern.

Rohpolnische

500 g mageres Rindfleisch
500 g Schweinebauch mit 50% Fleischanteil
22 g Salz
3 g gemahlenen schwarzen Pfeffer
0,5 g gemahlenen Koriander
0,5 g frischen fein gehackten Knoblauch

- Alle Zutaten durch die 4,5 mm Scheibe wolfen.
- Schweinedarm Kaliber 24/26, Schafdarm Kaliber 24/26 oder Eiweißsaitling Kaliber 26.
- Die Würste auf 25-30 cm abdrehen.
- Die Würste 2 mal kalt räuchern.

Urner Hauswurst

550 g mageres Rindfleisch
300 g mageres Schweinefleisch
150 g fetten Schweinebauch ohne Fleischanteil
22 g Salz
20 g Rotwein
2 g frischen fein gehackten Knoblauch
1 g gemahlenen schwarzen Pfeffer
1 g Zucker
0,3 g gemahlenen Muskat
0,3 g gemahlenen Macis (Muskatblüte)

- Das Rindfleisch durch die 3 mm Scheibe wolfen.
- Das Schweinefleisch und den Bauch auf 8 mm wolfen.
- Schweinedarm Kaliber 28/30 oder Eiweißsaitling Kaliber 28.
- Machen Sie die Würste 20 cm lang.

Für den Frischverzehr werden sie heiß gemacht, wer sie lagern möchte, der trocknet sie an der frischen Luft.

Bratwurst aus Griechenland

500 g Schweinefleisch jeglicher Art mit 40% Fettanteil
500 g Lammfleisch
40 g trockenen Weißwein
20 g Salz
4 g frischen fein gehackten Knoblauch
3 g gemahlenen schwarzen Pfeffer
1 g gemahlenen Rosmarin
0,5 g **BIO**-Orangenzesten (nur das Orange verwenden)
0,05 g gemahlenen Zimt

- Alle Zutaten durch die 4,5 mm Scheibe wolfen.
- Schweinedarm Kaliber 24/26, Schafdarm Kaliber 24/26 oder Eiweißsaitling Kaliber 26 verwenden.
- Die Würste auf eine Länge von 15-20 cm abdrehen.
- Wenn Sie mögen, können Sie die Würste 1-3 mal kalt räuchern.

Hausfrauenwurst mediterrane Art

1000 g Schweinefleisch mit 20% Fettanteil
22 g Salz
12 g frischen fein gehackten Knoblauch
10 g gemahlenen edelsüßen Paprika
3 g gemahlenen schwarzen Pfeffer
2 g gerebelten Oregano
1 g gemahlenen Rosmarin

- Alle Zutaten durch die 6 mm Scheibe wolfen.
- Schweinedarm Kaliber 24/26, Schafdarm Kaliber 24/26 oder Eiweißsaitling Kaliber 24 verwenden.
- Die Würste auf eine Länge von 25 cm abdrehen.
- Wenn Sie mögen, können Sie die Würste 3-4 mal kalt räuchern.

Salsiccia original italienisch

800 g magere Schulter oder Schlegel vom Schwein
200 g fetter Schweinebauch ohne Fleischanteil
20 g Salz
10 g frischen fein gehackten Knoblauch
4 g gemahlenen weißen Pfeffer
2 g grob gehackten (am besten wilder) Fenchelsamen

- Das Fleisch auf 6 mm, den Bauch auf 4,5 mm wolfen.
- Schweinedarm Kaliber 28/30, Schafdarm Kaliber 24/26 oder Eiweißsaitling Kaliber 30 verwenden.
- Die Würste auf eine Länge von 15-20 cm abdrehen.

Die Wurst schmeckt besonders gut, wenn man sie 2-3 Stunden ziehen lässt, sie ist aber auch sofort genießbar. Am besten grillt man sie über Holzkohle oder alternativ in einer Pfanne braten. Zum Verfeinern kann man noch einen Zweig Rosmarin in das Öl mit hinzugeben, zum Schluss mit 20 ml Weißwein ablöschen.

Sheftalia

1000 g Schweinefleisch mit 20% Fettanteil
300 g fein gehackte Zwiebel
23 g Salz
20 g frische oder 2 g getrocknete gerebelte Petersilie
3 g gemahlenen schwarzen Pfeffer

- Alle Zutaten durch die 6 mm Scheibe wolfen.
- Schweinedarm Kaliber 24/26, Schafdarm Kaliber 24/26 oder Eiweißsaitling Kaliber 24 verwenden.
- Die Würste auf eine Länge von 10 cm abdrehen.
- Wenn Sie mögen, können Sie die Würste 1-3 mal kalt räuchern.

Wenn die Würste lagerfähig sein sollen, muss die Zwiebel vor dem Untermischen glasig gedünstet werden, da sie sonst zu gären beginnt. Die Würste würden dann sehr schnell verderben.
Sie können noch 2 mal kalt geräuchert werden.

Lamm-Grillwürstchen mediterrane Art

900 g	Lammfleisch
100 g	frische fein gehackte Zwiebel
20 g	Salz
2 g	gemahlenen schwarzen Pfeffer
1 g	gemahlenen Rosmarin

- Die Zwiebeln in wenig Öl goldgelb anbraten, anschließend abkühlen lassen.
- Alle Zutaten durch die 4,5 mm Scheibe wolfen.
- Schafdarm Kaliber 20/22 oder Eiweißsaitling Kaliber 20.
- Die Würste auf eine Länge von 10 cm abdrehen.
- Wenn Sie mögen, können Sie die Würste 1 mal kalt räuchern.

Sie eignen sich vorzüglich zum Grillen.

Putenbratwurst

750 g	Putenfleisch
250 g	Putenfett
21 g	Salz
13 g	gemahlenen edelsüßen Paprika
6 g	frischen fein gehackten Knoblauch
3 g	gemahlenen schwarzen Pfeffer
0,2 g	gemahlenen Oregano
0,1 g	gemahlenen Thymian

- Alle Zutaten durch die 6 mm Scheibe wolfen.
- Schweinedarm Kaliber 24/26, Schafdarm Kaliber 24/26 oder Eiweißsaitling Kaliber 24 verwenden.
- Die Würste auf eine Länge von 15 cm abdrehen.

Wegen Salmonellen-Gefahr müssen die Würste knusprig gebraten oder gekocht werden!

Pikante Bratwurst vom Lamm

800 g	Lammfleisch
200 g	fetter Schweinebauch ohne Fleischanteil
21 g	Salz
2 g	gemahlenen schwarzen Pfeffer
1 g	gemahlenen Muskat
0,5 g	gemahlenen Koriander
0,5 g	gemahlenen Thymian
0,3 g	gemahlenen Kerbel

- Alle Zutaten durch die 4,5 mm Scheibe wolfen.
- Schafdarm Kaliber 24/26 oder Eiweißsaitling Kaliber 24 .
- Die Würste auf eine Länge von 15-20 cm abdrehen.
- Wenn Sie mögen, können Sie die Würste 1-3 mal kalt räuchern.

Wild-Bratwurst

800 g	mageres Wildfleisch jeglicher Art
200 g	fetter Schweinebauch ohne Fleischanteil
21 g	Salz
3,5 g	gemahlenen schwarzen Pfeffer
3 g	frischen klein gehackten Knoblauch
2,2 g	gemahlenen Koriandersamen
2,2 g	gemahlenen Muskat
2 g	geschrotete Senfkörner
0,5 g	gemahlene Wacholderbeeren
0,3 g	gemahlenen Kardamom
0,25 g	gemahlene Lorbeerblätter

- Alle Zutaten durch die 4,5 mm Scheibe wolfen.
- Schweinedarm Kaliber 24/26, Schafdarm Kaliber 24/26 oder Eiweißsaitling Kaliber 26 verwenden.
- Die Würste auf eine Länge von 20 cm abdrehen.
- Wenn Sie mögen, können Sie die Würste 3 mal kalt räuchern.

Wild-Bratwurst mit Bärlauch

700 g	mageres Wildfleisch jeglicher Art
300 g	Schweinebauch mit 30% Fleischanteil
20 g	Salz
10 g	frischen fein gehackten Bärlauch
3 g	gemahlenen schwarzen Pfeffer
1 g	geschroteten Kümmel
0,6 g	gerebelten Thüringer Majoran
0,4 g	gemahlene Wacholderbeeren
0,3 g	gemahlene Koriandersamen
0,3 g	gemahlenen Muskat
0,2 g	gemahlene Lorbeerblätter
0,2 g	gemahlenen Rosmarin

- Alle Zutaten durch die 3 mm Scheibe wolfen.
- Schweinedarm Kaliber 24/26, Schafdarm Kaliber 24/26 oder Eiweißsaitling Kaliber 26 verwenden.
- Die Würste auf eine Länge von 20 cm abdrehen.
- Wenn Sie mögen, können Sie die Würste 2 mal kalt räuchern.

Anleitung zur Herstellung von Brühwürsten

Die folgende Anleitung und Vorgehensweise gilt für alle Wurstrezepte dieser Kategorie (Seite 87-106)

Grundsätzliches:
Für Brühwurst ist das Fleisch von jungen Tieren sehr empfehlenswert, weil dieses nicht so trocken ist und die Würste dadurch saftiger werden. Für Brühwurst eigenen sich jegliche Fleischabschnitte, auch jene, die weniger schön sind, denn durch die feine Wolfung braucht es nicht so sauber geputzt werden.

Das Brät für Brühwürste muss sehr fein sein. Am besten verwendet man dafür einen Kutter. Wenn man keinen hat, kann man aber auch einfach das Brät 2 mal durch die 2 mm Scheibe wolfen. Das ergibt dann die Hausmacher-Art. In den Rezepten beschreibe ich die Hausmacher Art, da Kutter recht teuer sind und die wenigsten einen haben.

Sind Sie stolzer Besitzer eines Kutters, so können Sie anstelle 2 mal durch die 2mm Scheibe zu wolfen, auch wie folgt vorgehen:

Die Fleischwaren mit der 6 mm Scheibe vorwolfen. Danach das Brät nochmals bis -2 °C kühlen. Dann anstelle das Brät in der Rührmaschine zu vermengen, nehmen Sie den Kutter, denn der rührt und zerkleinert zugleich. Die Rührzeiten sind ähnlich und nur grobe Angaben, es zählt ihr Auge, denn es kommt auf die richtige Bindung an. Das Brät muss schön glatt und etwas klebrig sein, dann ist es perfekt. Sobald dies der Fall ist, können Sie mit dem Rühren oder Kuttern auch schon früher aufhören.
Die Rühr- / Kutterzeit bis zur perfekten Bindung kann variieren, da diese Faktoren eine große Rolle spielen:

- Fleischart und Wasseranteil im Fleisch
- Mengenverhältnis von Fleisch zu Fett oder welche Fettart verwendet wird.
- Alter des Tieres.
- Aufzuchtweise des Tieres.

- Temperatur bei der Verarbeitung.
- Wie grob oder fein das Brät ist.

Bei der Herstellung ist ganz besonders darauf zu achten, dass man sehr kalte Fleischwaren verwendet. Die Start-Temperatur sollte -2 bis maximal 2 °C betragen. Das Brät sollte nicht wärmer als 13 °C werden. Beim Kuttern erwärmt sich das Brät etwas stärker. Außerdem erhöht sich zusätzlich die Wasser-Aufnahmefähigkeit. Deshalb wird zwischen 20-25% Eisschnee dazugegeben.
Eisschnee ist feinst zerstoßenes oder geraspeltes Eis.
Bei der Hausmacher Art wird dem Brät lediglich 10-15 % Eisschnee zugegeben.

Der Eisschnee dient dazu das Brät zu kühlen und macht die Wurst später saftiger. Geben Sie den Eisschnee immer nur in kleinen Mengen dazu, so wie es das Brät auch aufnehmen kann. Bei der Hausmacher Art ist die Bindung nicht ganz so stark, wie beim Kuttern. Deshalb tritt später mehr Flüssigkeit aus. Insbesondere wenn man auf Phosphat oder andere Bindemittel verzichtet.
Um eine gute Bindung zu erreichen, wird der Brühwurstmasse das Salz bereits beim Wolfen zugegeben. Wenn Sie ein etwas gröberes Salz verwenden, sollte es nicht mitgewolft werden, weil das dem Wolfmesser die Schärfe nimmt. Geben Sie es einfach vor dem Rühren in das Brät. Wenn Sie ein feines Salz verwenden kann es mitgewolft werden, da es sich schnell auflöst, wenn es mit dem Fleisch in Berührung kommt.

Wenn man möchte, kann man der Wurstmasse, für eine bessere Bindung, zusätzlich je kg Brät 3 Gramm Phosphat zusetzen. Aus gesundheitlicher Sicht sollte man dies aber eher unterlassen, denn es geht auch ganz gut ohne.

Man kann der Wurstmasse auch 5g Gelatinepulver zugeben, denn dadurch wird die spätere Bindung ebenfalls etwas verbessert.
Wenn man dem Wurstbrät noch 10-15 g Eigelb je kg Wurstmasse zugibt, wird die eingekochte Wurst weniger kompakt, dafür etwas

fluffiger. Zusätzlich trägt das Eigelb zur Bindung von Flüssigkeit bei.

Um eine gute Bindung der Wurstmasse zu erreichen, wird das Brät für 12-15 Minuten entweder gekuttert oder mit der Rührmaschine gerührt. Das Brät muss etwas klebrig sein, dann ist es perfekt. Sobald dies der Fall ist, können Sie mit dem Rühren oder Kuttern auch schon früher aufhören. Die beste Bindung wird erreicht, wenn das Wurstbrät nach dem Rühren eine Temperatur von ca. 13 °C hat.
Prüfen Sie die Temperatur immer wieder mit dem Thermometer nach.

Wenn Sie nur wenig Fett verwenden und das Brät beim Rühren einen zu trockenen Eindruck macht, kann es durch die Zugabe von etwas kalter gesalzener Fleischbrühe geschmeidiger gemacht werden.

Wenn Sie mit der Küchenmaschine arbeiten, können Sie bei kleinen Wurstmengen die Rührbesen verwenden. Bei größeren Mengen muss in der Regel auf die Knethaken zurückgegriffen werden, da die meisten Küchenmaschinen beim Rühren mit den Rührbesen überfordert sind und durch die starke Belastung leicht kaputt gehen können.

Bei der Brühwurst-Herstellung wird zunächst immer das Grundbrät hergestellt. Das Einlage-Fleisch (oder auch Gemüse wie z.B. Paprika, Champignons etc.) kommt immer erst nach dem Kuttern oder Rühren dazu und wird nur noch sanft eingearbeitet. So bleibt die Einlage in ihrer gewünschten Form erhalten.

Wenn die Brühwurst geräuchert werden soll, muss das Brät in rauchdurchlässige Collagen- oder Naturdärme gefüllt werden. Wenn die Wurst heiß geräuchert werden soll, wird sie zuerst bis zum gewünschten Grad heiß geräuchert und anschließend in Kesselbrühe gebrüht.

Wird nicht geräuchert, dann empfiehlt es sich, Sterildärme zu verwenden. Diese sind weder wasser- noch dampfdurchlässig. Dadurch kann beim Brühen kein Aroma verloren gehen und die Wurst bleibt auch etwas saftiger. Würste im Sterildarm werden in Wasser anstelle von Kesselbrühe gebrüht.

Wenn komplett ohne Nitritpökelsalz gearbeitet wird, neigen gebrühte oder gekochte Würste dazu grau zu werden. Man kann dem durch die Zugabe von 20-50 Gramm Tomatenpulver und 3 Gramm Rote-Beete-Pulver je kg Wurstmasse entgegenwirken. Man bekommt zwar nicht das typische Pökelrot, aber hat dafür keinerlei chemische Stoffe in der Wurst.
Wenn man auf das typische Pökelrot nicht verzichten möchte, kann man alternativ entweder die Mindestmenge an Nitritpökelsalz verwenden, oder komplett mit Pökelsalz arbeiten siehe Kapitel „Salz“ ab Seite 28.
Ein Schnitzel wird beim Braten auch grau, da wird das als vollkommen normal angesehen. Würde man ein Schnitzel pökeln und rot servieren, würden wohl mindestens 90% der Menschen sofort sagen mit dem Schnitzel stimmt etwas nicht...
Entscheiden Sie selbst, was Ihnen wichtiger ist.

Überblick zum Ablauf:

- Wolfgerechter Zuschnitt der Fleischwaren (2-3cm breite und ca. 20 cm lange Stücke) Das Fleisch und das Fett anfrieren.
- Die Fleischwaren zusammen mit den Gewürzen wolfen.
- Das Brät in die Rührmaschine oder den Kutter geben und solange rühren, bis es eine gute „klebrige“ Bindung hat.
- Die Wurstmasse möglichst ohne Lufteinschlüsse in den Wurstfüller füllen.
- Die Wurstmasse bis ans Ende des Füllrohres kurbeln.
- Darm auffädeln oder überstülpen.
- Gläser oder Därme befüllen.
- Die fertig gefüllten Würste je nach Rezept heiß räuchern, brühen oder einkochen.
- Nach dem Brühen auf Lufteinschlüsse kontrollieren und wenn vorhanden mit einer Nadel einstechen.
- Die Würste mit heißem Wasser abschwenken, um sie vom Fettfilm zu befreien. Bei Bedarf kann man sie noch zusätzlich in handwarmem Wasser abwaschen.
- Die vom Fett befreiten Würste in kaltem Wasser abkühlen.
- Würste trocknen lassen, je nach Rezept noch kalt räuchern.

Brühwurst kann einige Tage im Kühlschrank gelagert werden. Am besten direkt und zeitnah genießen. Bei Bedarf können die fertigen Würste auch eingefroren werden.

Wenn die Brühwurst in Gläser eingekocht wird, empfiehlt sich Folgendes:

Um die Oxidation des Wurstbräts zu verringern, kann man dem Wurstbrät je kg Wurstmasse 0,35 g Ascorbinsäure beimengen. Da die Ascorbinsäure sauer ist, schmeckt man diesen Zusatz leicht heraus. Als Alternative kann man die Oberfläche des Bräts nach dem Füllen mit Speiseöl bepinseln.

Bierschinken Bauern Art

500 g	mageres Schweinefleisch
200 g	fetter Bauch vom Schwein
100 g	mageres Rindfleisch
200 g	Backe vom Schwein
200 g	gesalzene gut gekühlte Fleischbrühe
20 g	Salz
2 g	Zucker
1 g	gemahlenen weißen Pfeffer
1 g	gemahlenen Koriandersamen
1 g	frischen kleingehackten Knoblauch
0,2 g	gemahlenen Ingwer

- Die Fleischwaren in wolfgerechte Stücke schneiden.
- Ein Drittel des mageren Schweinefleisches mit 10% des (Nitritpökel)-Salzes einreiben und 8 Stunden im Kühlschrank ruhen lassen. Wenn Sie ohne Pökelsalz arbeiten das Fleisch nur 2-3 Stunden ziehen lassen.
- Den Rest der Fleischwaren anfrieren und zusammen mit dem Salz und den Gewürzen 2 mal durch die 2 mm Scheibe wolfen.
- Die gewolften Fleischwaren kräftig durchmischen und dabei so lange kalte Fleischbrühe zugeben, bis eine geschmeidige, aber nicht zu dünne Masse entsteht.
- Das Brät leicht anfrieren.
- Die gekühlte Masse erneut in der Rührmaschine kräftig durchrühren, bis sie gut bindet.
- Das gesalzene Einlage-Fleisch trocken tupfen und in 1-2 cm große Würfel schneiden. Dann sanft unter das Brät mischen.
- Das Brät in Sterildärme Kaliber 80-90 füllen. Vermeiden Sie Lufteinschlüsse.
- Die Würste in 80-85 °C heißem Wasser für 2 Stunden brühen.

Alternativ kann man das Brät auch in Gläser füllen. Die Gläser bis 2 cm unter den Rand füllen und in 100 °C heißem Wasser einkochen. 200 g Gläser 90 Minuten, 400 g Gläser 120 Minuten.

Fleischkäse

250 g	mageres Schweinefleisch
250 g	fetter Schweinebauch ohne Fleischanteil
200 g	mageres Rindfleisch
150 g	Schweinebacke
150 g	Eisschnee
22 g	Röstzwiebeln
20 g	Salz
3 g	Zwiebelgranulat
2,2 g	gemahlenen weißen Pfeffer
0,5 g	gemahlenen edelsüßen Paprika
0,5 g	gemahlene Muskatblüte (Macis)
0,5 g	gemahlenen Koriandersamen
0,2 g	gemahlenen getrockneten Ingwer
0,2 g	gemahlenen Kardamom

- Das Fleisch, den Bauch und die Backe anfrieren und zusammen mit den Gewürzen und dem Salz 2 mal durch die 2 mm Scheibe wolfen.
- Die Fleischwaren rühren und immer wieder etwas Eisschnee dazugeben, immer nur so viel, wie das Brät aufnehmen kann. Es dauert etwa 10-15 Minuten, bis das Brät gut bindet.
- Das Brät in eine mit Öl gefettete Aluform für Fleischkäse füllen.
- Beim Füllen darauf achten, dass möglichst keine Luftblasen im Brät sind.
- Wie Sie es beim Befüllen des Wurstfüllers gewohnt sind, am besten schwungvoll das Brät in die Form schmeißen.
- Das Öl hilft später beim Lösen des gebackenen Fleischkäse.
- Die Formen werden auf einem Rost auf der untersten Schiene bei 160 °C Ober- und Unterhitze im Backofen gebacken. Backen Sie solange, bis der Fleischkäse eine schöne Kruste hat.

Je 1 kg Brätmasse dauert das etwa 60 Minuten.

Käsewurst

1000 g Schweinefleisch mit 80 % Fleischanteil
125 g Emmentaler
20 g Salz
2 g gemahlenen schwarzen Pfeffer
2 g gemahlenen Piment
1 g getrocknete gemahlene Kräuter der Provence

- Das Fleisch wolfgerecht zuschneiden und anfrieren.
- Die Fleischwaren zusammen mit den Gewürzen und dem Salz 2 mal durch die 2 mm Scheibe wolfen.
- Alles, bis auf den Käse, in die Rührmaschine geben und für 10-15 Minuten tüchtig durchmischen, bis man eine „klebrige" bindige Masse hat.
- Den Käse in 0,5 x 0,5cm große Würfel schneiden und sanft unter das Brät mischen.
- Das Brät locker in Schafdarm Kaliber 24/26 oder Collagendarm Kaliber 26 füllen und alle 20 cm abdrehen.
- Die Würste in 75-80 °C warmer Kesselbrühe 25 Minuten brühen.

Die Würste sind sofort genussfertig, sie eignen sich hervorragend zum Grillen oder Anbraten.

Kochsalami

600 g	mageres Rindfleisch
250 g	fetter Schweinebauch ohne Fleischanteil
150 g	Eisschnee
22 g	Salz
4 g	braunen Rum (optional)
2,5 g	gemahlenen schwarzen Pfeffer
2 g	gemahlenen mittelscharfen Paprika
2 g	frischen kleingehackten Knoblauch
2 g	ganze Senfkörner
0,6 g	gemahlenen Muskat

- Die Fleischwaren wolfgerecht zuschneiden und anfrieren.
- Das Rindfleisch und den Knoblauch zusammen mit den Gewürzen durch die 3 mm Scheibe wolfen.
- Den Schweinebauch durch die 4,5 mm Scheibe wolfen.
- Das Rindfleisch mit dem Eisschnee vermengen bis es bindet. Dann den Bauch, das Salz und die Senfkörner zugeben und weiter rühren, bis alles gut vermengt ist.
- Das Brät in Naturdarm Kaliber 50 oder Collagendarm Kaliber 50 füllen. Die traditionelle Länge beträgt 40 cm
- Die Würste 60 Minuten lang heiß räuchern, bis sie eine kräftige Farbe haben.
- Nun 50 Minuten bei 75-80 °C in Kesselbrühe brühen.
- Achten Sie auf Lufteinschlüsse und entfernen Sie diese falls vorhanden.
- Die Würste mit heißem Wasser abschwenken, um sie vom Fettfilm zu befreien. Danach in kaltem Wasser abkühlen.

Lyoner

250 g mageres Schweinefleisch
250 g fetter Schweinebauch ohne Fleischanteil
200 g mageres Rindfleisch
150 g Schweinebacke
150 g Eisschnee
20 g Salz
3 g Zwiebelgranulat
2,2 g gemahlenen weißen Pfeffer
0,5 g gemahlene Muskatblüte (Macis)
0,5 g gemahlenen Koriandersamen
0,2 g gemahlenen getrockneten Ingwer
0,5 g gemahlenen edelsüßen Paprika
0,2 g gemahlenen Kardamom

- Das Fleisch, den Bauch und die Backe wolfgerecht zuschneiden und anfrieren.
- Die Fleischwaren zusammen mit den Gewürzen und dem Salz 2 mal durch die 2 mm Scheibe wolfen.
- In die Rührmaschine geben und mit dem Eisschnee vermengen. Immer nur so viel Eisschnee zugeben, wie das Brät aufnehmen kann.
- In der Rührmaschine für 10-15 Minuten tüchtig durchmischen, bis man eine „klebrige" bindige Masse hat.
- Die Wurstmasse möglichst luftblasenfrei in Sterildärme Kaliber 60 füllen.
- Die Würste im Darm für 70 Minuten bei 75-78 °C brühen.
- Die Würste mit heißem Wasser abschwenken, um sie vom Fettfilm zu befreien. Danach in kaltem Wasser abkühlen.

Das Brät kann auch in Gläser bis etwa 2 cm unter den Rand gefüllt und bei 100 °C eingekocht werden:

- 200 g Gläser 90 Minuten
- 400 g Gläser 120 Minuten

Leberkäse

Zutaten für das Brät:

150 g mageres Schweinefleisch
150 g fetter Schweinebauch ohne Fleischanteil
150 g mageres Rindfleisch
150 g Schweinebacke
100 g Eisschnee

Zutaten für die Einlage:

200 g magerer Schweinebauch
150 g Leber vom Schwein
100 g mageres Schweinefleisch
22 g Röstzwiebeln
22 g Salz
3 g Zwiebelgranulat
2 g gerebelten Majoran
2 g gemahlenen weißen Pfeffer
0,5 g gemahlenen edelsüßen Paprika
0,5 g gemahlene Muskatblüte (Macis)
0,5 g gemahlenen Koriandersamen
0,2 g gemahlenen getrockneten Ingwer
0,2 g gemahlenen Kardamom

Zubereitung Einlage:

- Die Leber wird mit einem Messer in kleine Stücke gehackt.
- Das Schweinefleisch und den Bauch durch die 8 mm Scheibe wolfen.

Zubereitung Brät:

- Das Fleisch, den Bauch und die Backe in wolfgerechte Stücke schneiden und anfrieren.
- Die Fleischwaren zusammen mit den Gewürzen und dem Salz 2 mal durch die 2 mm Scheibe wolfen.
- Das Brät in der Rührmaschine rühren und immer wieder so viel Eisschnee dazu geben, wie das Brät aufnehmen kann. So lange verrühren, bis es anfängt zu binden.
- Dann die Einlage dazugeben und weiter rühren, bis eine gute Bindung entsteht. Das Ganze dauert etwa 10-15 Minuten.
- Das Brät in eine mit Öl gefettete Aluform für Fleischkäse füllen.
- Beim Füllen darauf achten, dass möglichst keine Luftblasen im Brät sind. Wie Sie es beim Befüllen des Wurstfüllers gewohnt sind, am besten schwungvoll das Brät in die Form schmeißen.
- Das Öl hilft später beim Lösen des gebackenen Leberkäse.
- Auf der untersten Schiene bei 160 °C Ober- und Unterhitze backen, bis der Leberkäse eine schöne Kruste hat.

Je 1 Kg Brätmasse dauert das etwa 60 Minuten.

Münchner Weißwurst

450 g	mageres Kalbfleisch
250 g	fetter Schweinebauch ohne Fleischanteil
150 g	Fleisch vom Kalbskopf
150 g	Eisschnee
19 g	Salz
3 g	Zitronensaft
2,2 g	gemahlenen weißen Pfeffer
2 g	getrocknete oder 15 g gehackte frische Petersilie
0,6 g	gemahlene Muskatblüte (Macis)
0,1 g	gemahlene Nelke

- Das Fleisch und das Fett wolfgerecht zuschneiden und dann anfrieren.
- Zusammen mit den Gewürzen und dem Salz 2 mal durch die 2 mm Scheibe wolfen.
- In die Rührmaschine geben und mit dem Eisschnee für wenige Minuten durchmischen, bis man eine leicht bindige Masse hat.
- Die typische Weißwurst hat nur eine schwache Bindung und sollte nicht zu fest sein.
- Die Wurstmasse möglichst luftblasenfrei entweder in Schweinedarm Kaliber 24/26 oder Schafdarm Kaliber 24/26 füllen.
- Die Würste werden traditionell 12-15 cm lang gemacht.
- Die Würste für 25 Minuten bei 75-78 °C in Kesselbrühe brühen.

Sie werden traditionell direkt nach dem Brühen, im noch warmen Zustand, mit süßem Senf gegessen.

Rindswurst

700 g	mageres Rindfleisch
300 g	fettes Rindfleisch
15 g	Salz
10 g	Sojasoße
1 g	gemahlenen Sellerie
1 g	gemahlene Muskatnuss
1 g	frischen fein gehackten Knoblauch

- Alle Fleischwaren wolfgerecht zuschneiden und anfrieren.
- Das Fleisch und den Knoblauch zusammen mit den Gewürzen und dem Salz durch die 6 mm Scheibe wolfen.
- Alle Zutaten 10-15 Minuten gründlich miteinander vermengen bis es gut bindet.
- Das Brät in Schweinedarm Kaliber 30 oder Collagendarm Kaliber 30 füllen.
- Die traditionelle Länge beträgt 30 cm. Die Würste 60 Minuten heiß räuchern.
- Dann 30 Minuten bei 75-78 °C in Kesselbrühe brühen.
- Die Würste mit heißem Wasser abschwenken, um sie vom Fettfilm zu befreien. Danach in kaltem Wasser abkühlen

Das Brät kann auch in Gläser bis 1 cm unter den Rand gefüllt und bei 100 °C eingekocht werden:
- 200 g Gläser 90 Minuten
- 400 g Gläser 120 Minuten

Der Salzgehalt von Sojasoße schwankt teilweise drastisch, deshalb geben Sie dem Brät zunächst nur 15 Gramm Salz zu. Schmecken Sie das Brät dann ab und geben Sie bei Bedarf noch weiteres Salz zu.

Saumagen Pfälzer Art

Brät zur Bindung:

40 g mageres Schweinefleisch
40 g fetter Schweinebauch ohne Fleischanteil
30 g mageres Rindfleisch
25 g Schweinebacke
25 g Eisschnee
3,5 g Röstzwiebeln
3 g Salz
0,5 g Zwiebelgranulat
0,35 g gemahlenen weißen Pfeffer
0,08 g gemahlenen edelsüßen Paprika
0,08 g gemahlene Muskatblüte (Macis)
0,08 g gemahlenen Koriandersamen
0,03 g gemahlenen getrockneten Ingwer
0,03 g gemahlenen Kardamom

- Das Fleisch, den Bauch und die Backe wolfgerecht zuschneiden und dann anfrieren.
- Die Fleischwaren zusammen mit den Gewürzen und dem Salz 2 mal durch die 2 mm Scheibe wolfen.
- Das Brät rühren und immer wieder etwas Eisschnee dazugeben. Immer nur soviel Eisschnee zugeben, wie das Brät aufnehmen kann.
- Es dauert etwa 10-15 Minuten, bis das Brät gut bindet.
- Das Brät gut kühlen.

Einlage:

445 g	Schweinefleisch (oder wahlweise auch Wild)
275 g	rohe Kartoffeln
110 g	Rindfleisch (kann auch durch Wild ersetzt werden)
25 g	Lauch (in feine Ringe geschnitten)
18 g	Salz
5 g	kleingehackten Knoblauch
1,5 g	gerebelten Majoran
1,2 g	gemahlenen schwarzen Pfeffer
0,8 g	geschroteten Rosmarin
0,1 g	gemahlenen Muskat

- Das Fleisch in wolfgerechte Stücke schneiden und anfrieren.
- Die Fleischwaren, den Lauch und den Knoblauch zusammen mit den Gewürzen durch die 8 mm Scheibe wolfen.
- Die Fleischwaren und das feine Brät zusammen mit dem Salz vermengen bis es bindet.
- Die Kartoffeln klein schneiden und durch die 6 mm Scheibe wolfen.
- Dem Brät beimengen und solange rühren bis alles gut durchgemischt ist.
- Das Brät wird traditionell in Schweinemägen, alternativ auch in Sterildärme Kaliber 90 gefüllt.
- Bei 80-85 °C in Kesselbrühe brühen. Je cm Durchmesser 13 Minuten.
- Die Würste mit heißem Wasser abschwenken, um sie vom Fettfilm zu befreien.
- Dann an der Luft abkühlen lassen.

Saitenwurst, Wienerwurst, Knackwurst, Rote

Für alle 4 ist das Rezept dasselbe, die Unterschiede sind folgende: Saitenwurst und Wiener kommt in dünne Saitlinge Kaliber 18-20, Rote und Knackwürste kommen in dickere Därme Kaliber 26-30, Schafdarm bringt den typischen „Knack" und ist zart im Biss.

250 g	mageres Schweinefleisch
250 g	fetter Schweinebauch ohne Fleischanteil
200 g	mageres Rindfleisch
150 g	Schweinebacke
150 g	Eisschnee
20 g	Salz
3 g	Zwiebelgranulat
2,2 g	gemahlenen weißen Pfeffer
0,6 g	gemahlenen edelsüßen Paprika
0,5 g	gemahlene Muskatblüte (Macis)
0,5 g	gemahlenen Koriandersamen
0,2 g	gemahlenen getrockneten Ingwer
0,2 g	gemahlenen Kardamom

- Die Fleischwaren anfrieren und zusammen mit den Gewürzen und dem Salz 2 mal durch die 2 mm Scheibe wolfen.
- In die Rührmaschine geben und mit dem Eisschnee für 10-15 Minuten tüchtig durchmischen, bis man eine „klebrige" bindige Masse hat.
- Die fertige Wurstmasse mit dem Wurstfüller in den entsprechenden Darm füllen.
- Die Würste werden 15-25 cm lang gemacht, je nach Sorte.
- Die Würste bei ca. 70 °C für 40 Minuten heiß räuchern.
- Dann für 15 Minuten bei 75 °C in Kesselbrühe brühen.
- Achten Sie auf Lufteinschlüsse und entfernen Sie diese falls vorhanden.
- Die Würste mit heißem Wasser abschwenken, um sie vom Fettfilm zu befreien. Danach in kaltem Wasser abkühlen

Schinkenwurst / geräucherte Schinkenwurst

280 g	mageres Einlagefleisch aus Schulter oder Schlegel
220 g	mageres Schweinefleisch
200 g	mageres Rindfleisch
200 g	fetter Schweinebauch ohne Fleischanteil
100 g	Eisschnee
20 g	Salz
3 g	Zwiebelgranulat
2,2 g	gemahlenen weißen Pfeffer
0,6 g	gemahlenen edelsüßen Paprika
0,5 g	gemahlene Muskatblüte (Macis)
0,5 g	gemahlenen Koriandersamen
0,2 g	gemahlenen Kardamom
0,2 g	gemahlenen getrockneten Ingwer

- Das Fleisch für die Einlage wird durch die 5 mm Scheibe gewolft und beiseitegestellt.
- Die anderen Fleischwaren anfrieren und zusammen mit Gewürzen und dem Salz 2 mal durch die 2 mm Scheibe wolfen.
- Die fein gewolften Fleischwaren zusammen mit dem Eisschnee in der Rührmaschine für 10-15 Minuten tüchtig durchmischen, bis es gut bindet.
- Dann das Einlagefleisch vorsichtig untermischen.
- Die Wurstmasse in Sterildärme Kaliber 60 füllen.
- Die Würste für 70 Minuten in Wasser bei 75-78 °C brühen.

Das Brät kann auch in Gläser bis etwa 2 cm unter den Rand gefüllt und bei 100 °C eingekocht werden:
200 g Gläser 90 Minuten, 400 g Gläser 120 Minuten.
Nach dem Brühen, die Würste oder Gläser abkühlen lassen.

Geräucherte Schinkenwurst (schwäbische Spezialität):
Die Schinkenwurst vor dem Brühen noch 45-60 Minuten lang heißräuchern und für ein besonders intensives Raucharoma nach dem Brühen noch 1-2 mal kalträuchern. Wenn geräuchert wird, muss das Brät aber unbedingt in einen <u>rauchdurchlässigen</u> Darm gefüllt werden.

Thüringer Kümmelknackwurst

500 g	magere Schulter vom Rind
300 g	fetter Schweinebauch mit 20% Fleischanteil
100 g	Schweinenacken
100 g	Eisschnee
21 g	Salz
2,8 g	gemahlenen weißen Pfeffer
1,5 g	Kümmel davon 50% gemahlen, 50% geschrotet
0,5 g	gemahlenen Thüringer Majoran
0,4 g	gemahlenen Kardamom

- Die Fleischwaren wolfgerecht zuschneiden und anfrieren.
- Dann alles zusammen mit den Gewürzen und dem Salz 2 mal durch die 2 mm Scheibe wolfen.
- Alle Zutaten bis auf den Eisschnee in die Rührmaschine geben und alles durchmischen.
- Dann langsam den Eisschnee zugeben, so dass das Brät ihn immer wieder gut aufnehmen kann. So lange rühren, bis man eine "klebrige" bindige Masse hat. Das dauert 10-15 Minuten.
- Die fertige Wurstmasse dann mit dem Wurstfüller entweder in Schweinedärme Kaliber 24/26, Schafdarm Kaliber 24/26 oder Collagendarm Kaliber 26 füllen und alle 20 cm abdrehen.
- Die Würste bei 70 °C für 25 Minuten heiß räuchern.
- Im Anschluss für 20 Minuten bei 75 °C in Kesselbrühe brühen.
- Achten Sie auf Lufteinschlüsse und entfernen Sie diese falls vorhanden.
- Die Würste mit heißem Wasser abschwenken, um sie vom Fettfilm zu befreien. Danach in kaltem Wasser abkühlen

Cabanossi

500 g	mageres Kuh- oder Rindfleisch
350 g	Schweine-Rückenfett mit 50 % Fleischanteil
150 g	mageres Schweinefleisch
22 g	Salz
5 g	gemahlenen edelsüßen Paprika
2 g	gemahlenen schwarzen Pfeffer
0,5 g	gemahlenen Muskat
0,5 g	fein gehackten Knoblauch

- Das Fleisch und das Fett wolfgerecht zuschneiden und dann anfrieren.
- Das Fleisch zusammen mit den Gewürzen und dem Knoblauch durch die 6 mm Scheibe wolfen.
- Das Fett durch die 4 mm Scheibe wolfen.
- Die Fleischwaren für 10-15 Minuten rühren, bis das Brät bindet, dann das Salz zugeben und nur noch untermischen.
- Das Brät in Schweinedarm Kaliber 30 oder Collagendarm Kaliber 30 füllen.
- Die traditionelle Länge beträgt 25-30 cm.
- Die Würste 60 Minuten bei 60 °C heiß räuchern.
- Für 30 Minuten in 65 °C warmer Kesselbrühe garen.
- Die Würste mit heißem Wasser abschwenken, um sie vom Fettfilm zu befreien. Danach in kaltem Wasser abkühlen
- Oberflächlich trocknen lassen und zusätzlich noch 1 mal kalt räuchern.

Krakauer

500 g	mageres Schweinefleisch
250 g	fetter Schweinebauch mit 20 % Fleischanteil
250 g	mageres Rindfleisch
20 g	Salz
3 g	gemahlenen schwarzen Pfeffer
1,5 g	ganze Senfkörner
1 g	frischen feingehackten Knoblauch
0,6 g	gemahlenen Koriandersamen
0,6 g	gemahlenen edelsüßen Paprika
0,5 g	gemahlenen scharfen Paprika
0,5 g	gemahlenen Muskat

- Alle Fleischwaren wolfgerecht zuschneiden und anfrieren.
- Das Schweinefleisch und den Bauch zusammen mit den Gewürzen und dem Salz durch die 4,5 mm Scheibe wolfen.
- Das Rindfleisch und den Knoblauch durch die 2 mm Scheibe wolfen.
- Alle Zutaten 10-15 Minuten gründlich miteinander vermengen bis es gut bindet.
- Das Brät in Naturdarm Kaliber 50 oder Collagendarm Kaliber 50 füllen.
- Die traditionelle Länge beträgt 25 cm.
- Die Würste 60 Minuten heiß räuchern.
- Nach dem Räuchern 40 Minuten bei 75-80 °C in Kesselbrühe brühen.
- Die Würste mit heißem Wasser abschwenken, um sie vom Fettfilm zu befreien. Danach in kaltem Wasser abkühlen

Mortadella

700 g	mageres Schweinefleisch (Schulter oder Keule)
300 g	fetter Schweinebauch ohne Fleischanteil
100 g	Eisschnee
20 g	Salz
10 g	der Länge nach geschnittene Pistazien
3 g	frischen kleingehackten Knoblauch
2 g	gemahlenen weißen Pfeffer
1 g	gemahlenen Piment
0,5 g	gemahlenen Ingwer

- 100 g des Schweinebauches in Würfel von 1x1 cm schneiden.
- Die restlichen Fleischwaren wolfgerecht zuschneiden und dann anfrieren.
- Das Schweinefleisch, den Bauch und den Knoblauch zusammen mit den Gewürzen und dem Salz 2 mal durch die 2 mm Scheibe wolfen.
- Die gewolften Fleischwaren 10-15 Minuten gründlich miteinander vermengen. Immer wieder etwas Eisschnee dazugeben, immer nur soviel, wie das Brät aufnehmen kann. Wenn das Brät gut bindet, werden vorsichtig die Fettwürfel und die Pistazien untergemischt.
- Das Brät in Collagendarm Kaliber 80 füllen. (1 kg ergibt in der Regel eine Wurst)
- Die Würste 60 Minuten lang heiß räuchern.
- Nach dem Räuchern 90 Minuten bei 75-80 °C in Kesselbrühe brühen.
- Die Würste mit heißem Wasser abschwenken, um sie vom Fettfilm zu befreien. Danach in kaltem Wasser abkühlen

Wild-Jagdwurst

Zutaten für das Brät:

350 g mageres Fleisch vom Wild
150 g Rückenfett vom Wild oder vom Hausschwein
10 g Salz
1,2 g gemahlenen schwarzen Pfeffer
0,7 g gemahlenen Muskat
0,5 g gemahlenen Piment
0,5 g gemahlene Wacholderbeeren
0,2 g gemahlenen Thymian

Zutaten für die Einlage:

250 g magere Schulter vom Wild
250 g mageren Bauch vom Wild
10 g Salz
1,2 g ganze Senfkörner
0,5 g gerebelten Thüringer Majoran
0,5 g gemahlene Muskatblüte (Macis)
0,4 g gemahlenen Piment
0,3 g gemahlenen schwarzen Pfeffer
0,2 g gemahlene Koriandersamen
0,2 g gemahlenen Rosmarin

Zubereitung Brät:

- Das Fleisch und das Fett wolfgerecht zuschneiden und anfrieren.
- Dann zusammen mit den Gewürzen für das Brät und dem Salz 2 mal durch die 2 mm Scheibe wolfen.
- Die Fleischwaren für 8 Minuten tüchtig durchmischen, bis eine leichte Bindung einsetzt.
- Das Brät auf ca. -2 °C kühlen.

Zubereitung Einlage:

- Das Fleisch und das Fett wolfgerecht zuschneiden und dann anfrieren.
- Dann zusammen mit den Gewürzen für die Einlage und dem Salz durch die 4,5 mm Scheibe wolfen.
- Das gekühlte Brät zusammen mit der Einlage für 10 Minuten tüchtig durchmischen, bis eine gute Bindung einsetzt.
- Das Brät wird traditionell in Naturdärme Kaliber 50 oder Collagendärme Kaliber 50 gefüllt.
- Die traditionelle Länge beträgt 30 cm.
- Die Würste für 60 Minuten heiß räuchern.
- Nach dem Räuchern 40 Minuten bei 75-80 °C in Kesselbrühe brühen.
- Achten Sie auf Lufteinschlüsse und entfernen Sie diese falls vorhanden.
- Die Würste mit heißem Wasser abschwenken, um sie vom Fettfilm zu befreien. Danach in kaltem Wasser abkühlen

Wild-Bockwurst

700 g	Wildfleisch vom Hals oder Schulter mit wenig Fett
300 g	Rückenfett vom Wild oder vom Hausschwein
21 g	Salz
3,3 g	gemahlenen schwarzen Pfeffer
1,3 g	gemahlenen Muskat
0,5 g	gemahlene Wacholderbeeren
0,4 g	gemahlenen Piment
0,3 g	gemahlene Nelke
0,2 g	gemahlenen Rosmarin
0,2 g	gemahlene Lorbeerblätter

- Das Fleisch und das Fett zusammen mit den Gewürzen und dem Salz durch die 2 mm Scheibe wolfen, 100 g vom Fett beiseitestellen.
- Die restlichen Fleischwaren erneut durch die 2 mm Scheibe wolfen.
- Alle Zutaten bis auf die 100 g Fett in die Rührmaschine geben und für 8 Minuten tüchtig durchmischen. Immer wieder etwas Eisschnee zugeben, so wie ihn das Brät aufnehmen kann.
- Jetzt das restliche Fett zugeben und weitere 5-7 Minuten rühren, bis man eine "klebrige" bindige Masse hat.
- Die fertige Wurstmasse mit dem Wurstfüller entweder in Schafdarm Kaliber 24/26 oder Collagendarm Kaliber 26 füllen und alle 20 cm abdrehen.
- Die Würste für 35 Minuten heiß räuchern.
- Anschließend die Würste für 15 Minuten bei 75 °C in Kesselbrühe brühen.
- Die Würste mit heißem Wasser abschwenken, um sie vom Fettfilm zu befreien. Danach in kaltem Wasser abkühlen

Anleitung zur Herstellung von Kochwürsten

Die folgende Anleitung und Vorgehensweise gilt für alle Wurstrezepte dieser Kategorie (Seite 111-141)

Grundsätzliches:

Kochwurst besteht aus gekochtem Fett und Fleisch, das wenn es in der Wursthülle oder dem Glas ist, abermals gekocht wird. Kochwurst wird traditionell aus schlachtwarmem Fleisch hergestellt. In der Regel kommt man heute aber kaum noch an schlachtwarmes Fleisch heran, es sei denn, man schlachtet selber oder ist bei der Hausschlachtung dabei. Es stellt aber auch kein Problem dar, Kochwurst aus möglichst frischem Fleisch herzustellen, das bereits abgekühlt ist. Lediglich die Bindung wird dadurch etwas schwächer.

Für Kochwurst kann man sehr gut Fleischteile verwenden, welche optisch nicht so schön sind. Ebenso Innereien, kleine Fleischabschnitte und je nach Rezept auch Schwarten.
Alle Kochwürste eignen sich vorzüglich zum Einkochen in Gläser.

Die bekanntesten Kochwürste sind:

- Schwartenmagen
- Leberwurst, streichbare Leberwurst
- Presswurst
- Schwarzwurst
- Blutwurst
- Zungenwurst

Herstellung:
Das Fleisch und das Fett, das zu Kochwurst verarbeitet werden soll, darf nicht zu heiß gekocht werden. Da sonst die Konsistenz der Wurst viel zu weich werden würde. Es genügt, wenn das

Fleisch und das Fett bei etwa 75-85 °C sanft gegart werden. Keinesfalls darf das Wasser kochen!

Zum Angaren empfiehlt es sich, statt Wasser ungesalzene Fleischbrühe zu verwenden. So wird den Fleischwaren weniger Geschmack entzogen, die Würste werden dadurch geschmackvoller.

Es gibt grundsätzlich zwei Arten von Kochwurst:

- Die Streichfähigen
- Die Festen

Die Streichfähigen:
Wenn sie streichfähig sein soll, werden vor dem Wolfen alle Fleischwaren vorgekocht. Beim Vermengen des Bräts entsteht somit kaum Bindung. Die Wurst wird dadurch besser streichbar und nicht so fest. Hier rührt man nur so lange, bis die Gewürze gut durchgemengt sind, was etwa 1-2 Minuten dauert. Falls die Wurstmasse einen zu trockenen oder festen Eindruck macht, kann man etwas gesalzene Fleischbrühe (20 g Salz je Liter) zugeben.

Kleiner Geschmacks-Tipp am Rande:
Wenn Sie Streichleberwurst in Gläser einkochen, können Sie die noch offenen Gläser in den Backofen (220 °C) stellen und die Oberfläche kurz anrösten, bis sie eine schöne Farbe bekommt. Dann erst einkochen. Die Wurst bekommt so ein ganz besonderes Aroma. Vorsicht beim Verschließen der Gläser, denn die Gläser sind dann heiß. Am besten Backhandschuhe verwenden.

Die Festen:
Damit die fertige Wurst später fest wird, werden nur gewisse Bestandteile vorab gekocht. Beim Vermengen kommen somit rohe Bestandteile dazu, die durch längeres Rühren und das spätere Ko-

chen/Brühen zu einer Bindung führen. Das Brät wird solange gerührt, bis eine leichte Bindung einsetzt, was je nach Brät-Zusammensetzung ca. 5-7 Minuten dauert. Falls das Brät extrem trocken und fest werden sollte, kann man auch hier etwas gesalzene Fleischbrühe (20 g Salz je Liter) zugeben, aber nur sparsam einsetzen.
Die Kochwurstmasse muss, solange sie noch warm ist, mittels eines Trichters oder dem Wurstfüller, in Därme oder Gläser gefüllt werden, da sie nach dem Abkühlen fest wird.
Wenn komplett ohne Nitritpökelsalz gearbeitet wird, neigen gebrühte oder gekochte Würste dazu grau zu werden. Man kann dem durch die Zugabe von 20-50 Gramm Tomatenpulver und 3 Gramm Rote-Beete-Pulver je kg Wurstmasse entgegenwirken. Man bekommt zwar nicht das typische Pökelrot, aber hat dafür keinerlei chemische Stoffe in der Wurst. Wenn man auf das typische Pökelrot nicht verzichten möchte, kann man alternativ entweder die Mindestmenge an Nitritpökelsalz verwenden, oder voll mit Pökelsalz arbeiten siehe Kapitel „Salz“ ab Seite 28. Ein Schnitzel wird beim Braten auch grau, da wird das als vollkommen normal angesehen. Würde man ein Schnitzel pökeln und rot servieren, würden wohl mindestens 90% der Menschen sofort sagen mit dem Schnitzel stimmt etwas nicht...
Entscheiden Sie selbst.

Die Arbeitsschritte im Überblick:

- Fleisch, Fett, Schwarte und Innereien zuschneiden. Je nach Rezept in ungesalzener Fleischbrühe vorkochen.
- Gekochte und rohe Bestandteile wolfen.
- Alles in die Rührmaschine geben und zusammen mit den Gewürzen vermengen. Soll die Wurst streichfähig werden, wird nur kurz gerührt. Man rührt lediglich ca. 1-2 Minuten, es soll kaum Bindung auftreten. Soll die Wurst fest werden, so lange rühren bis es leicht bindet, was ca. 5-7 Minuten dauert. Falls das Brät zu trocken und fest wird, etwas gesalzene Fleischbrühe (20 g Salz je Liter) zugeben.
- Das Brät im warmen Zustand in Därme oder Gläser füllen.
- Wenn heißt geräuchert wird, kommen die Würste vor dem Brühen in den Heißrauch. Unbedingt rauchdurchlässige Därme und keine Sterildärme verwenden.
- Rauchdurchlässige Därme in Kesselbrühe bei 75-80 °C brühen. Sterildärme im Wasser bei 75-85 °C brühen.
- Gläser in Wasser bei 100 °C einkochen. --> Die genaue Vorgehensweise siehe Kapitel: „Gläser richtig befüllen und einkochen" ab Seite 33.
- Würste im Darm mit heißem Wasser abschwenken, um sie vom Fettfilm zu befreien.
- Danach in kaltem Wasser abkühlen
- Trocknen lassen und je nach Rezept noch kalt räuchern.

Blutwurst mit Reis

330 g Schweineblut
330 g Schweinefett vom Hals
170 g mageres Schweinefleisch
85 g Zwiebel
85 g Reis (ungesalzen und weich gekocht)
20 g Salz
10 g gemahlenen edelsüßen Paprika
2 g gemahlenen schwarzen Pfeffer
0,5 g gemahlenen Kümmel

- Das Fleisch und das Fett in wolfgerechte Stücke schneiden und in ungesalzener Fleischbrühe 15 Minuten bei 80-85 °C garen.
- Die Zwiebel kleinhacken und in wenig Öl goldgelb andünsten.
- Die abgekühlten Fleischwaren und die Zwiebeln durch die 8 mm Scheibe wolfen.
- Alles mit den Gewürzen und dem Salz kräftig vermengen.
- Wenn das Ganze zu trocken ist, mit gesalzener Fleischbrühe verdünnen.
- Traditionell in Naturdärme Kaliber 40 oder Collagendärme Kaliber 40 füllen.
- Die Würste 15 cm lang machen.
- Bei 80 °C 40 Minuten lang in Kesselbrühe brühen.
- Die Würste mit heißem Wasser abschwenken, um sie vom Fettfilm zu befreien. Danach in kaltem Wasser abkühlen

Die Wurst wird traditionell vor dem Genuss angebraten.

Semmelblutwurst

330 g	Innereien vom Schwein (nach Belieben)
310 g	Schweineblut
310 g	Schweinefett vom Hals
50 g	Zwiebel
20 g	Salz
4 g	gemahlenen schwarzen Pfeffer
3 g	gemahlenen Kümmel
3	trockene Semmeln

- Die Innereien und das Fett in wolfgerechte Stücke schneiden und anschließend in ungesalzener Fleischbrühe für 15 Minuten bei 80-85 °C garen.
- Die Zwiebel kleinhacken und in wenig Öl goldgelb andünsten.
- Die Semmeln klein würfeln und mit dem Blut mischen.
- Die abgekühlten Fleischwaren, die Semmeln und die Zwiebeln durch die 8 mm Scheibe wolfen.
- Das Brät mit den Gewürzen und dem Salz kräftig vermengen.
- Wenn das Ganze zu trocken ist, mit gesalzener Fleischbrühe verdünnen.
- In Naturdärme Kaliber 40 oder Sterildärme Kaliber 40 füllen.
- Die Würste werden 40 cm lang gemacht und zu einem Ring gebunden.
- 40 Minuten bei 75-80 °C in Kesselbrühe brühen.
- Die Würste mit heißem Wasser abschwenken, um sie vom Fettfilm zu befreien. Danach in kaltem Wasser abkühlen

Die Wurst wird traditionell vor dem Genuss enthäutet und angebraten.

Blutwurst rustikal

600 g	Schweineblut
200 g	Schweinefett vom Hals
200 g	Zwiebel
20 g	Salz
10 g	gemahlenen edelsüßen Paprika
4 g	gemahlenen schwarzen Pfeffer
3	trockene Semmeln
1,5 g	gerebelten Majoran
0,2 g	gemahlene Nelken

- Den Hals in wolfgerechte Stücke schneiden, dann In einer heißen Pfanne auslassen.
- Die Zwiebeln klein würfeln, die Semmeln zerkleinern und im ausgelassenen Fett anbraten.
- Die abgekühlten Fleischwaren, die Semmeln und die Zwiebeln durch die 8 mm Scheibe wolfen.
- Das Brät mit dem Blut, den Gewürzen und dem Salz kräftig vermengen.
- Wenn das Ganze zu trocken ist, mit gesalzener Fleischbrühe verdünnen.
- Traditionell in Naturdärme Kaliber 50 oder Collagendärme Kaliber 50 füllen.
- Die Würste 10 cm lang machen.
- Bei 85 °C 50 Minuten lang in Kesselbrühe brühen.
- Die Würste mit heißem Wasser abschwenken, um sie vom Fettfilm zu befreien. Danach in kaltem Wasser abkühlen

Blutwurst Thüringer Art

600 g magerer Schweinebauch mit 20% Fettanteil
200 g Schweinebacke
100 g Blut
100 g Schwarte
20 g Salz
3,5 g gemahlenen schwarzen Pfeffer
1,2 g gerebelten Thüringer Majoran
0,4 g gemahlenen Thymian
0,2 g gemahlene Nelken

- Die Schwarte in wolfgerechte Stücke schneiden und dann zusammen, mit dem Bauch und der Backe 20 Minuten in ungesalzener Fleischbrühe bei 80-85 °C brühen.
- Abkühlen lassen und die Backe und den Schweinebauch in Würfel von 1 x 1 cm schneiden.
- Die Schwarte 2 mal durch die 2 mm Scheibe wolfen.
- Alle Zutaten in der Rührmaschine 2 Minuten lang rühren.
- Das Ganze wird traditionell in Naturdärme Kaliber 40 oder in Collagendärme Kaliber 40 gefüllt.
- Die Würste werden 15cm lang gemacht.
- Bei 75-80 °C 40 Minuten lang in Kesselbrühe brühen.
- Die Würste mit heißem Wasser abschwenken, um sie vom Fettfilm zu befreien. Danach in kaltem Wasser abkühlen
- Die Würste oberflächlich trocknen lassen und dann 1 mal kalt räuchern.

Die Wurst kann auch ungeräuchert direkt genossen werden.

Hausmacherwurst im Glas

500 g	fettes Schweinefleisch
170 g	Kochschinken (klein gewürfelt)
170 g	Kalbsleber, enthäutet (Gallengänge entfernen!)
160 g	mageres Rindfleisch
17g	Salz
10 g	Cognac (optional)
2 g	gemahlenen grünen Pfeffer
1	Eigelb
0,5 g	abgeriebene Bio-Zitronenschale (nur das Gelbe!)
0,3 g	gemahlenen Macis
0,3 g	gerebelten Majoran
0,3 g	gemahlenen Thymian
0,2 g	gemahlenen Piment
0,05 g	Ingwerpulver

- Die Kalbsleber kurz in Fleischbrühe bei 85 °C garen, bis sie etwas fest wird, abkühlen lassen und in kleine Würfel schneiden.
- Das Schweine- und Rindfleisch durch die 3 mm Scheibe wolfen und zusammen mit den Gewürzen gut verrühren.
- Dann die Leber- und Kochschinkenwürfel mit den restlichen Zutaten sanft vermengen.
- Wenn das Brät zu trocken ist, mit gesalzener Fleischbrühe verdünnen.

Die fertige Masse in Gläser bis etwa 2 cm unter den Rand füllen und bei 100 °C einkochen:

- 200 g Gläser für 90 Minuten
- 400 g Gläser für 120 Minuten

Herz-Leberwurst

560 g	mageres Schweinefleisch
220 g	Leber vom Schwein oder Kalb
120 g	Schweinebauch
100 g	Schweineherz
19 g	Salz
1 g	gemahlenen schwarzen Pfeffer
1 g	gemahlenen Piment
0,5 g	gemahlenen Thymian
0,5 g	gerebelten Thüringer Majoran

- Die Leber und das Herz sauber putzen und enthäuten. Gallengänge sorgfältig entfernen!
- Das Herz in ungesalzener Fleischbrühe 10 Minuten lang bei 80-85 °C garen.
- Das Fleisch, die Leber, das Herz und den Schweinebauch in wolfgerechte Stücke schneiden.
- Die Fleischwaren durch die 3 mm Scheibe wolfen.
- Das Brät mit den Gewürzen und dem Salz gründlich vermengen, bis es bindet (ca. 5-7 Minuten).
- Die fertige Masse wird traditionell in Naturdarm Kaliber 40 oder Sterildarm Kaliber 40 gefüllt.
- Die Würste werden etwa 15-20 cm lang gemacht.
- Die Würste 40 Minuten bei 75-80 °C in Kesselbrühe brühen.
- Die heißen Würste auf Luftblasen kontrollieren, wenn vorhanden mit einer Nadel einstechen.
- Die Würste mit heißem Wasser abschwenken, um sie vom Fettfilm zu befreien. Danach in kaltem Wasser abkühlen

Das Brät kann auch in Gläser bis etwa 2 cm unter den Rand gefüllt und bei 100 °C eingekocht werden:

- 200 g Gläser für 90 Minuten
- 400 g Gläser für 120 Minuten

Herzhafte Herz-Leberwurst

225 g	Leber, sauber enthäutet und Gallengänge entfernt
225 g	mageres Schweinefleisch
225 g	Schweineherz (sauber geputzt und enthäutet)
225 g	geräucherten Schweinebauch (ungesalzer)
100 g	Zwiebel fein gehackt
19 g	Salz
10 g	Mehl
4 g	frischen fein gehackten Knoblauch
4	Eier
2 g	gemahlenen Piment
1 g	gemahlenen schwarzen Pfeffer
1 g	gemahlenen Thymian
1 g	gerebelten Majoran

- Die Leber wolfgerecht zuschneiden durchbraten und abkühlen lassen.
- Das Herz in ungesalzener Fleischbrühe bei 85 °C garen, bis es eine Kerntemperatur von 68 °C hat.
- Etwas abkühlen lassen, dann in kleine Würfel schneicen.
- Das Fleisch und den Schweinebauch in wolfgerechte Stücke schneiden. Dann zusammen mit der Zwiebel, dem Knoblauch und der Leber durch die 4,5 mm Scheibe wolfen.
- Alles vermengen bis das Brät bindet.
- Dann die Würfel vom Herz sanft untermischen.
- Die fertige Masse wird traditionell in Naturdärme Kaliber 40 oder in Collagendärme Kaliber 40 gefüllt.
- Die Würste werden 15-20 cm lang gemacht.
- Für 40 Minuten bei 75-80 °C in Kesselbrühe brühen.
- Die heißen Würste auf Luftblasen kontrollieren, wenn vorhanden mit einer Nadel einstechen.
- Die Würste mit heißem Wasser abschwenken, um sie vom Fettfilm zu befreien. Danach in kaltem Wasser abkühlen
- Oberflächlich trocknen lassen und 1 mal kalt räuchern.

Presswurst

400 g	Schweinebacke
400 g	Schulter vom Schwein
100 g	Schweineblut
100 g	Schwarte
21 g	Salz
7 g	Zwiebel kleingehackt
2 g	gemahlenen schwarzen Pfeffer
1,5 g	gerebelten Thüringer Majoran
1 g	geschroteten Kümmel
1 g	gemahlenen Piment
1 g	Macis

- Die Schweineschulter und die Backe bei 85 °C in ungesalzener Fleischbrühe brühen, bis eine Kerntemperatur von 68 °C erreicht ist.
- Etwas abkühlen lassen und in kleine Würfel schneiden.
- Die Schwarte in wolfgerechte Stücke schneiden und bei 85 °C in ungesalzener Fleischbrühe für 10 Minuten brühen.
- Dann die Schwarte im warmen Zustand mit der Zwiebel durch die 2 mm Scheibe wolfen.
- Die Schwarte, das Blut und die Gewürze vermengen, bis eine leichte Bindung entsteht.
- Dann die Schulter- und Backenwürfel zugeben und gut untermischen.
- Das Brät wird traditionell in Schweineblasen gefüllt, alternativ in Naturdarm Kaliber 70 oder Sterildarm Kaliber 70.
- Bei 85 °C in Kesselbrühe brühen, es gelten diese Brühzeiten:
  Bis 6 cm Wurst-Durchmesser: 10 Minuten je cm
  Ab 6 cm Wurst-Durchmesser: 13 Minuten je cm
- Die Würste mit heißem Wasser abschwenken.
- Die Würste auf einer Tischplatte oder einem großen Brett abkühlen lassen und immer wieder wenden. Dabei ein Brett auf die Würste legen und gefühlvoll pressen. Durch das Pressen erhalten die Würste ihre typische Form.

Wenn sie abgekühlt sind, sind sie genussfertig.

Schwarzwurst

435 g	durchwachsenes Rückenfett vom Schwein mit 60% Fleischanteil, ohne Schwarte
260 g	fettfreie Schwarte vom Schwein
175 g	Schweineblut
130 g	kleingehackte Zwiebel
20g	Salz
3 g	gemahlenen schwarzen Pfeffer
2 g	gemahlenen Piment
1,5 g	gerebelten Majoran
0,6 g	gemahlenen Paprika scharf

- Das Rückenfett in kleine Würfel von 7 x 7 mm schneiden und in ungesalzener Fleischbrühe 10 Minuten bei 80-85 °C garen.
- Die Schwarte in wolfgerechte Stücke schneiden und in Kesselbrühe 20 Minuten bei 80-85 °C garen.
- Die gekochten noch warmen Schwarten und die Zwiebel durch die 2mm Scheibe wolfen.
- Alle Zutaten sollten leicht warm sein, damit das Brät besser verarbeitet werden kann.
- Alle Zutaten mit den Gewürzen und dem Salz vermengen.
- Das Brät in Rinderdärme Kaliber 40 oder Collagendärme Kaliber 40 füllen.
- Die Würste 40 cm lang machen und zum Ring binden.
- Bei 85 °C für 45 Minuten in Kesselbrühe brühen.
- Die Würste mit heißem Wasser abschwenken, um sie vom Fettfilm zu befreien. Danach in kaltem Wasser abkühlen
- Oberflächlich trocknen lassen und 3 mal kalt räuchern.

Weißer Schwartenmagen

450 g	Schweinekopffleisch
200 g	entfettete Schwarten
200 g	heiße gesalzene Fleischbrühe
150 g	mageres Schweinefleisch
20 g	Salz
2,5 g	gemahlenen weißen Pfeffer
1 g	gemahlenen Piment
0,5 g	Zwiebelgranulat
0,3 g	Macis (Muskatblüte)
0,25 g	getrockneten Ingwer

- Das Schweinekopffleisch und die Schwarten in ungesalzener Fleischbrühe 15 Minuten bei 80-85 °C garen.
- Das Kopffleisch für die Einlage nach Wahl in dünne oder dickere Streifen schneiden. Je dicker sie geschnitten werden, desto fleischiger wird die Konsistenz der fertigen Wurst.
- Das rohe Schweinefleisch und die Schwarte in wolfgerechte Stücke schneiden und zusammen mit den Gewürzen, dem Salz und den Zwiebeln durch die 3 mm Scheibe wolfen.
- Dann alles vermengen und die Fleischbrühe zugeben.
- Die Masse kann man in Saumägen, Rinderbutten, Sterildärme Kaliber 60 oder in Gläser füllen (bis 2 cm unter den Rand).

Garzeit im Darm:
Bis Kaliber 60 je cm Durchmesser 10 Minuten bei 80 °C brühen.
Ab Kaliber 60 je cm Durchmesser 13 Minuten bei 80 °C brühen.
Die Würste mit heißem Wasser abschwenken, um sie vom Fettfilm zu befreien. Danach in kaltem Wasser abkühlen.

Kochzeiten für Gläser bei 100 °C:
- 200 g Gläser für 90 Minuten
- 400 g Gläser für 120 Minuten

Zungenwurst

500 g	durchwachsenes Schweinefleisch, 50% Fettanteil
250 g	Schweinezunge
150 g	Schweineblut
100 g	Schwarte
20 g	Salz
1,5 g	gemahlenen schwarzen Pfeffer
1 g	gerebelten Thüringer Majoran
0,7 g	gemahlenen Piment
0,2 g	gemahlene Nelke

- Die Zunge bei 85 °C in ungesalzener Fleischbrühe kochen, bis sie eine Kerntemperatur von 68 °C erreicht hat.
- Etwas abkühlen lassen und die Haut entfernen.
- Die Zunge dann in Würfel von 1 x 1 cm Größe zuschneiden.
- Das Schweinefleisch in kleine Würfel von 0,5 x 0,5 cm schneiden und bei 85 °C für 5 Minuten in ungesalzener Fleischbrühe brühen.
- Die Schwarte in wolfgerechte Stücke schneiden und 10 Minuten bei 85 °C in ungesalzener Fleischbrühe brühen.
- Die noch warme Schwarte durch die 2 mm Scheibe wolfen.
- Die Schwarte, das Blut und die Gewürze vermengen, bis eine leichte Bindung entsteht.
- Die Zungen- und Fettwürfel zugeben und gut untermischen.
- Das Brät wird traditionell in Schweineblasen gefüllt, alternativ in Naturdärme Kaliber 70 oder Collagendarm Kaliber 70.
- Bei 85 °C in Kesselbrühe brühen, es gelten diese Brühzeiten:
  Bis 6 cm Wurst-Durchmesser: 10 Minuten je cm
  Ab 6 cm Wurst-Durchmesser: 13 Minuten je cm
- Die Würste mit heißem Wasser abschwenken, um sie vom Fettfilm zu befreien.
- Dann an der Luft langsam abkühlen.
- Oberflächlich trocknen lassen und 1 mal kalt räuchern.

Deftige Leberwurst im Darm oder Glas

600 g	Leber vom Schwein oder Kalb
240 g	Schweinebauch ohne Fleischanteil
80 g	Innereien vom Schwein (nach Belieben)
80 g	Zwiebel fein gehackt
19 g	Salz
1 g	gemahlene Senfkörner
1 g	Majoran
1 g	gemahlenen schwarzen Pfeffer
0,2 g	gemahlene Nelken

- Die Leber und die Innereien sauber putzen und enthäuten. Bei der Leber die Gallengänge sorgfältig entfernen!
- Die Innereien, die Leber und den Bauch in ungesalzener Fleischbrühe bei 80 °C für 8 -10 Minuten garen.
- Die Innereien, die Leber und den Schweinebauch in wolfgerechte Stücke schneiden.
- Alle Fleischwaren mit der Zwiebel durch die 3 mm Scheibe wolfen und mit den Gewürzen vermengen bis es bindet.
- Die fertige Masse wird traditionell in Naturdärme Kaliber 50 oder Sterildärme Kaliber 50 gefüllt.
- Die Würste werden etwa 15 cm lang gemacht.
- Die Würste 50 Minuten bei 75-80 °C in Kesselbrühe brühen.
- Die heißen Würste auf Luftblasen kontrollieren, wenn vorhanden mit einer Nadel einstechen.
- Die Würste mit heißem Wasser abschwenken, um sie vom Fettfilm zu befreien. Danach in kaltem Wasser abkühlen

Das Brät kann auch in Gläser bis etwa 2 cm unter den Rand gefüllt und bei 100 °C eingekocht werden:

- 200 g Gläser für 90 Minuten
- 400 g Gläser für 120 Minuten

Feine Streichleberwurst

600 g Leber (Gallengänge entfernt!)
260 g fetter Schweinebauch
80 g Innereien nach Wahl
60 g kleingehackte Zwiebel
19 g Salz
1 g gerebelten Majoran
1 g gemahlenen schwarzen Pfeffer
1 g gemahlene Senfkörner
0,1 g gemahlene Nelken

- Die Innereien, die Leber und den Bauch in ungesalzener Fleischbrühe bei 85 °C für 10 Minuten garen.
- Die Fleischwaren und die Zwiebel 2 mal durch die 2 mm Scheibe wolfen.
- Die Wurstmasse mit den Gewürzen 1-2 Minuten in der Rührmaschine durchmischen.
- Das Ganze wird traditionell in Naturdärme Kaliber 40 oder in Collagendärme Kaliber 40 gefüllt.
- Die Würste werden 40 cm lang gemacht und dann zu einem Ring gebunden.
- Für 45 Minuten heiß räuchern.
- Bei 70-75 °C 40 Minuten lang in Kesselbrühe brühen.
- Die Würste mit heißem Wasser abschwenken, um sie vom Fettfilm zu befreien. Danach in kaltem Wasser abkühlen

Geräucherte Streichleberwurst

450 g	Leber vom Schwein oder Rind
450 g	fetter Schweinebauch mit 10% Fleischanteil
100 g	Zwiebel kleingehackt
21 g	Salz
2 g	gemahlenen schwarzen Pfeffer
2 g	gemahlenen Piment

- Die Leber putzen und enthäuten (Gallengänge entfernen!) und in wolfgerechte Streifen schneiden.
- Den Schweinebauch kleinschneiden und in einer Pfanne auslassen, dann die Leberstreifen darüberlegen. Mit dem Pfeffer bestreuen und etwa 15 Minuten lang garen lassen.
- Alles durch die 2 mm Scheibe wolfen.
- Die Wurstmasse mit den Gewürzen kräftig durchmischen.
- Das Brät in Naturdärme Kaliber 40 oder Collagendärme Kaliber 40 füllen.
- Die Würste werden 40 cm lang gemacht und zu einem Ring gebunden.
- Die Würste für 45-60 Minuten heiß räuchern.
- Anschließend für 30 Min. bei 75-80 °C in Kesselbrühe brühen.
- Die heißen Würste auf Luftblasen kontrollieren, wenn vorhanden mit einer Nadel einstechen.
- Die Würste mit heißem Wasser abschwenken, um sie vom Fettfilm zu befreien. Danach in kaltem Wasser abkühlen.
- Oberflächlich trocknen lassen und 2 mal kalt räuchern.

Grobe gekochte Streichmettwurst

450 g	durchwachsene Schweineschulter
450 g	Schweinebauch mit 50% Fleischanteil
100 g	Zwiebel
20 g	Weinbrand (optional)
20 g	Salz
5 g	Röstzwiebeln
3 g	gemahlenen weißen Pfeffer
0,5 g	gemahlenen Macis
½	gemahlenes Lorbeerblatt

- Das Fleisch und den Bauch in wolfgerechte Stücke schneiden.
- Das Fleisch, den Bauch und die Zwiebel in ungesalzener Fleischbrühe für 15 Minuten bei 80-85 °C garen.
- Die Fleischwaren und die Zwiebel noch warm durch die 3 mm Scheibe wolfen.
- Alle Zutaten gründlich miteinander vermengen.
- Das Brät in Gläser bis etwa 2 cm unter den Rand füllen und bei 100 °C einkochen:
  200 g Gläser für 90 Minuten
  400 g Gläser für 120 Minuten

Hausmacher-Leberwurst

250 g Leber (Gallengänge entfernt!)
250 g magere Schweineschulter
250 g Kalbshaxe
125 g fetter Schweinebauch
65 g Schweinefett vom Rücken
60 g Zwiebel klein gewürfelt
20 g Salz
3 g gemahlenen schwarzen Pfeffer
1 g gemahlenen Muskat
0,5 g gerebelten Majoran
0,2 g gemahlene Nelken

- Die Leber halbieren.
- Die Schulter, den Bauch, die Haxe und das Fett in ungesalzener Fleischbrühe 1,5 Stunden bei 75-80 °C köcheln lassen.
- Eine Hälfte der Leber für 5 Minuten in der Fleischbrühe mitgaren.
- Die halbe Leber abkühlen lassen und in 0,5 cm große Würfel schneiden.
- Die rohe Zwiebel in wenig Öl goldgelb anbraten.
- Die Hälfte der Fleischwaren aus der Brühe in feine Würfel schneiden, die andere Hälfte zusammen mit der rohen Leberhälfte durch die 6 mm Scheibe wolfen.
- Alles gründlich miteinander vermengen. Wenn das Brät zu dick ist, mit gesalzener Fleischbrühe verdünnen.
- Die fertige Masse bis 2cm unter den Rand in Gläser füllen und bei 100 °C einkochen:
  200 g Gläser 90 Minuten
  400 g Gläser 120 Minuten

Herzhafte Leberwurst

360 g	Fleischbrühe (gesalzen)
190 g	Innereien vom Schwein (nach Belieben)
180 g	Leber
120 g	Reis (ungesalzen und weich gekocht)
90 g	Zwiebel fein gehackt
60 g	Schweinebauch ohne Fleischanteil
20 g	Salz
4 g	gemahlenen schwarzen Pfeffer
3 g	gemahlenen edelsüßen Paprika
1 g	gerebelten Majoran
1 g	gemahlenen Piment
1 g	gemahlenen Thymian

- Alle Innereien sauber putzen und enthäuten (Bei der Leber die Gallengänge sorgfältig entfernen!).
- Alle Innereien außer der Leber in ungesalzener Fleischbrühe für 10 Minuten bei 80-85 °C brühen, danach abkühlen lassen.
- Die Zwiebel in wenig Öl glasig dünsten, dann abkühlen lassen.
- Die Innereien, die Leber und den Schweinebauch in wolfgerechte Stücke schneiden und anschließend durch die 4,5 mm Scheibe wolfen.
- Den Reis ohne Salz weichkochen.
- Alle Zutaten kräftig vermengen bis die Wurstmasse bindet.
- Die fertige Masse in Schweinedärme Kaliber 30 oder in Collagendärme Kaliber 30 füllen.
- Die Würste werden etwa 15-20 cm lang gemacht.
- Die Würste 30 Minuten bei 75-80 °C in Kesselbrühe brühen.

Kartoffelwurst Pfälzer Art

570 g	rohe Kartoffeln
140 g	Zwiebel
140 g	fetter Schweinebauch
80 g	Suppenfleisch vom Rind
70 g	Dörrfleisch
18 g	Salz
2 g	gemahlenen schwarzen Pfeffer
0,3 g	gemahlenen Macis
0,3 g	gerebelten Majoran
0,3 g	gemahlenes Bohnenkraut
0,3 g	gemahlenen Thymian

- Die Kartoffeln schälen und mit der Zwiebel durch die 3 mm Scheibe wolfen.
- Das Suppenfleisch in ungesalzener Fleischbrühe 10 Minuten bei 80-85 °C garen.
- Alle Fleischwaren durch die 3 mm Scheibe wolfen.
- Alle Zutaten gründlich vermengen.
- Das Brät traditionell in Naturdärme Kaliber 40 oder Collagendärme Kaliber 40 füllen.
- Traditionell werden die Würste 25 cm lang gemacht.
- Die Würste dann bei 80-85 °C 40 Minuten lang in Kesselbrühe brühen.
- Die Würste mit heißem Wasser abschwenken, um sie vom Fettfilm zu befreien. Danach in kaltem Wasser abkühlen.

Wellwurst aus Schlesien

500 g	Weißbrot
360 g	durchwachsener Schweinebauch, 60% Fleischanteil
140 g	kleingehackte Zwiebel
10 g	Salz
3 g	gemahlenen schwarzen Pfeffer
2 g	gerebelten Majoran
1 g	gemahlenen Muskat

- Den Bauch und die Zwiebel in ungesalzener Fleischbrühe für 10 Minuten bei 80-85 °C garen.
- Das Weißbrot in 1 cm große Würfel schneiden und mit gesalzener Fleischbrühe vollsaugen lassen.
- Das Fleisch und die Zwiebel durch die 3 mm Scheibe wolfen.
- Alle Zutaten gründlich miteinander vermengen bis es bindet.
- Traditionell wird die Wurstmasse in Naturdärme Kaliber 50 oder Collagendärme Kaliber 50 gefüllt.
- Die Würste werden anschließend bei 75-80 °C für 50 Minuten in Kesselbrühe gebrüht.
- Die Würste mit heißem Wasser abschwenken, um sie vom Fettfilm zu befreien. Danach in kaltem Wasser abkühlen.

Das Brät kann man alternativ auch in Gläser füllen.
Die Gläser werden in 100 °C heißem Wasser eingekocht.
- 200 g Gläser 90 Minuten
- 400 g Gläser 120 Minuten

Traditionell wird die Wurst in Wasser erwärmt, oder vor dem Verzehr angebraten.

Zwiebel-Leberwurst

660 g Schweinebauch mit etwas Fleisch und Schwarte
160 g Leber (Gallengänge entfernt!)
100 g Kalbfleisch
80 g Zwiebel
20 g Salz
2 g gemahlenen schwarzen Pfeffer
2 g gemahlenen Piment
0,5 g gerebelten Majoran
0,5 g gemahlenen Muskat
0,5 g gemahlenen Ingwer
0,5 g gemahlenen Zimt

- Den Schweinebauch in wolfgerechte Stücke schneiden und 70 Minuten lang in ungesalzener Fleischbrühe bei 75-80 °C garen.
- Die Leber und das Kalbfleisch 5 Minuten in der Fleischbrühe garen.
- Die Zwiebel kleinhacken und dann in wenig Öl anrösten.
- Die geröstete Zwiebel und die Fleischwaren durch die 3 mm Scheibe wolfen.
- Alles gründlich miteinander vermengen.
- Wenn das Brät zu dick ist, mit etwas gesalzener Fleischbrühe verdünnen.
- Traditionell in Naturdärme Kaliber 50 oder Sterildärme Kaliber 50 füllen.
- Die Würste werden 15-20 cm lang gemacht.
- Wurst im Darm für 50 Minuten bei 75-80 °C in Kesselbrühe brühen.
- Die Würste mit heißem Wasser abschwenken, um sie vom Fettfilm zu befreien. Danach in kaltem Wasser abkühlen.

Das Brät kann man alternativ auch in Gläser füllen.
Die Gläser werden in 100 °C heißem Wasser eingekocht.

- 200 g Gläser 90 Minuten
- 400 g Gläser 120 Minuten

Dill-Leberpastete

670 g Leber (Gallengänge entfernt!)
330 g Flomen vom Schwein
19 g Salz
2 g fertige Pasteten-Gewürzmischung
2 g getrocknete Dillspitzen

- Die Leber in wolfgerechte Streifen schneiden und in ungesalzener Fleischbrühe 30 Minuten bei 80-85 °C garen.
- Zuerst den Flomen, dann die erkaltete Leber durch die 2 mm Scheibe wolfen.
- Den Flomen, die Leber und die Gewürze kräftig durchmischen.
- Das Brät entweder in Pasteten-Formen, Naturdärme Kaliber 50 oder Collagendärme Kaliber 50 füllen.
- Die Würste werden 15-20 cm lang gemacht.
- Die Würste 30-40 Minuten heiß räuchern.
- Anschließend 40 Minuten bei 75-80 °C in Kesselbrühe brühen.
- Die Würste mit heißem Wasser abschwenken, um sie vom Fettfilm zu befreien. Danach in kaltem Wasser abkühlen.

Die Pastete in der Form für 60 Minuten bei 180-200 °C Unter- und Oberhitze backen. Die Kerntemperatur sollte 68-71 °C betragen.

Alternativ kann man die Pastete auch im Wasserbad garen.
Dazu 4 Gabeln umgekehrt auf den Boden des Topfes geben, so dass die Form später sicher darauf steht, aber den Boden des Topfes nicht berühren kann. Mit Wasser auffüllen, bis die Form zu 3/4 im Wasser steht.
Das Wasser auf ca. 85 °C erhitzen, es darf keinesfalls kochen! Die Form je Kilogramm Brät ca. 1 Stunde garen. Überprüfen sie am Ende die Kerntemperatur sie sollte 68-71 °C betragen.
Die Pastete abkühlen lassen, vor dem Genuss noch etwas durchziehen lassen, dann schmeckt sie noch besser.

Herzhafte Leberpastete im Glas

460 g	durchwachsenes Schweinefleisch von der Keule oder Schulter, mit 30% Fettanteil
160 g	Kochschinken
160 g	mageres Rindfleisch
150 g	Kalbsleber (Gallengänge entfernt!)
70 g	Zwiebel
17 g	Salz
15 g	Weinbrand (optional)
4 g	gemahlenen edelsüßen Paprika
2 g	gemahlenen grünen Pfeffer
1	Eigelb
0,5 g	geriebene Bio-Zitronenschale (nur das Gelbe!)
0,4 g	Macis (Muskatblüte)
0,25 g	gerebelten Majoran
0,2 g	gemahlenen Piment
2 St.	gemahlene Nelken
evtl.	gesalzene Fleischbrühe falls das Brät zu trocken ist

- Alles in wolfgerechte Streifen schneiden und 5 Minuten in Fleischbrühe bei 80-85 °C garen, dann abkühlen lassen.
- Alle Fleischwaren 2 mal durch die 2 mm Scheibe wolfen.
- Das Brät mit den Gewürzen kräftig durchmischen, falls es zu trocken ist, mit etwas gesalzener Fleischbrühe verdünnen.

Das Brät in Gläser bis etwa 2 cm unter den Rand füllen und bei 100 °C einkochen:

- 200 g Gläser für 90 Minuten
- 400 g Gläser für 120 Minuten

Leberpastete

670 g	Leber (Gallengänge entfernt!)
330 g	Flomen vom Schwein
19 g	Salz
3 g	Pasteten-Gewürzmischung

- Die Leber in wolfgerechte Streifen schneiden und in ungesalzener Fleischbrühe 30 Minuten lang bei 80-85 °C garen.
- Zuerst den Flomen, dann die erkaltete Leber durch die 2 mm Scheibe wolfen.
- Den Flomen und die Leber zusammen mit den Gewürzen kräftig durchmischen.
- Das Ganze entweder in Naturdärme Kaliber 50 oder in Pasteten-Formen füllen.
- Die Würste werden 15 – 20 cm lang gemacht.
- Die Würste 50 Minuten bei 75-80 °C in Kesselbrühe brühen.
- Die Würste mit heißem Wasser abschwenken, um sie vom Fettfilm zu befreien. Danach in kaltem Wasser abkühlen.
- Oberflächlich trocknen lassen und 1 mal kalt räuchern.
- Die Pastete in der Form 60 Minuten bei 180-200 °C Unter- und Oberhitze backen. Bei größeren Pasteten-Formen kann eine längere Gardauer nötig sein. Kontrollieren Sie einfach die Kerntemperatur, diese sollte ca. 68-71 °C betragen

Alternativ kann man die Pastete auch im Wasserbad garen.
Dazu 4 Gabeln umgekehrt auf den Boden des Topfes geben, so dass die Form später sicher darauf steht, aber den Boden des Topfes nicht berühren kann. Mit Wasser auffüllen, bis die Form zu 3/4 im Wasser steht.
Das Wasser auf ca. 85 °C erhitzen, es darf keinesfalls kochen! Die Form je Kilogramm Brät ca. 1 Stunde garen. Überprüfen sie am Ende die Kerntemperatur sie sollte 68-71 °C betragen.
Die Pastete abkühlen lassen, vor dem Genuss noch etwas durchziehen lassen, dann schmeckt sie noch besser.

Majoran-Leberpastete im Glas

600 g fettes Schweinefleisch von der Schulter oder Keule mit 60% Fettanteil
330 g Leber
70 g Zwiebel
19 g Salz
1 g gemahlenen schwarzen Pfeffer
2 g gerebelten Thüringer Majoran
2 g Pasteten-Gewürzmischung

- Die Leber putzen und enthäuten, die Gallengänge sorgfältig entfernen!
- Das Fleisch und die Leber in wolfgerechte Stücke schneiden.
- Die Zwiebel würfeln und in wenig Öl glasig dünsten.
- Dann das Fleisch zugeben und 15 Minuten sanft garen lassen.
- Die Leber zugeben und weitere 15 Minuten sanft garen lassen.
- Alles aus der Pfanne 2 mal durch die 2 mm Scheibe wolfen.
- Alles mit den Gewürzen kräftig durchmischen.

Das Brät in Gläser bis etwa 2 cm unter den Rand füllen und bei 100 °C einkochen:

- 200 g Gläser für 90 Minuten
- 400 g Gläser für 120 Minuten

Paprika-Leberpastete im Glas

320 g	Schweinefett vom Rücken
310 g	mageres Schweinefleisch aus der Keule
300 g	Leber
70 g	Zwiebel
19 g	Salz
4 g	gemahlenen schwarzen Pfeffer
4 g	gemahlenen edelsüßen Paprika
0,3 g	gemahlenen Rosmarin

- Die Leber putzen und enthäuten, die Gallengänge sorgfältig entfernen!
- Die Fleischwaren in wolfgerechte Stücke schneiden.
- Die Zwiebel würfeln und in wenig Öl glasig dünsten.
- Dann das Fleisch zugeben und 15 weitere Minuten sanft garen lassen.
- Die Leber und das Rückenfett zugeben und weitere 15 Minuten sanft garen lassen.
- Alles aus der Pfanne 2 mal durch die 2 mm Scheibe wolfen.
- Das Brät mit den Gewürzen kräftig durchmischen.

Die fertige Masse in Gläser bis etwa 2 cm unter den Rand füllen und bei 100 °C einkochen:

- 200 g Gläser für 90 Minuten
- 400 g Gläser für 120 Minuten

Französische Hirschpastete im Glas

370 g	mageres Hirschfleisch
250 g	Zwiebel
190 g	Leber vom Schwein
190 g	fetter Schweinebauch
35 g	Cognac (optional)
19 g	Salz
4 g	gemahlenen schwarzen Pfeffer

- Die Leber putzen, enthäuten, Gallengänge entfernen. Anschließend in wolfgerechte Streifen schneiden.
- Den Bauch klein würfeln und in einer heißen Pfanne auslassen.
- Das Fleisch in wolfgerechte Stücke schneiden.
- Die Zwiebel würfeln und dann im ausgelassenen Bauch glasig dünsten.
- Dann das Fleisch, die Leber, Salz und Pfeffer zugeben und 30 Minuten zugedeckt sanft garen lassen.
- Alles aus der Pfanne 2 mal durch die 2 mm Scheibe wolfen.
- Das Brät mit den Gewürzen und dem Cognac kräftig durchmischen.
- Wenn das Brät zu dick sein sollte, mit gesalzener Fleischbrühe verdünnen.

Das Brät in Gläser bis etwa 2 cm unter den Rand füllen und bei 100 °C einkochen:

- 200 g Gläser für 90 Minuten
- 400 g Gläser für 120 Minuten

Wild-Hasenleber im Glas

650 g Leber vom wilden Hasen
250 g gesalzenen, geräucherten Schweinebauchspeck
100 g Butter
11 g Salz (muss gegebenenfalls erhöht werden!)
4 g gemahlenen schwarzen Pfeffer
0,4 g gerebelten Majoran

- Die Leber putzen, enthäuten und die Gallengänge entfernen.
- Anschließend in wolfgerechte Streifen schneiden.
- Den Bauchspeck klein würfeln und in einer heißen Pfanne auslassen.
- Die Leber im ausgelassenen Speck rösten.
- Mit Majoran und Pfeffer würzen und weitere 25 Minuten zugedeckt sanft garen lassen.
- Zum Schluss mit dem Salz würzen und abkühlen lassen.
- Alles aus der Pfanne durch die 2 mm Scheibe wolfen.
- Das Brät mit der Butter kräftig verrühren.

Die fertige Masse in Gläser bis etwa 2 cm unter den Rand füllen und bei 100 °C einkochen:
- 200 g Gläser für 90 Minuten
- 400 g Gläser für 120 Minuten

Da der Salzgehalt von geräuchertem Schweinespeck stark variiert empfiehlt es sich, zunächst nur 11 Gramm Salz ins Brät zu geben. Kurz ziehen lassen und dann abschmecken und bei Bedarf weiteres Salz zugeben.

Wild-Leberpastete

500 g	Leber vom Wild
250 g	Butter
250 g	Zwiebel
20 g	Salz
4 g	gemahlenen schwarzen Pfeffer
1 g	gemahlenen Rosmarin
1 g	gemahlenen edelsüßen Paprika

- Die Leber putzen, enthäuten und die Gallengänge entfernen!
- Anschließend in wolfgerechte Streifen schneiden.
- Die Zwiebel würfeln und in wenig Öl glasig dünsten, dann die Leber zugeben und mitrösten.
- Alle Gewürze zugeben und 30 weitere Minuten zugedeckt sanft garen lassen.
- Alles aus der Pfanne durch die 2 mm Scheibe wolfen.
- Das Brät mit der Butter kräftig verrühren.
- Die fertige Masse luftfrei in eine Pasteten-Form füllen.
- Die Pastete in der Form 60 Minuten bei 180-200 °C Unter- und Oberhitze backen. Bei größeren Pasteten-Formen kann eine längere Gardauer nötig sein. Kontrollieren Sie einfach die Kerntemperatur, diese sollte ca. 68-71 °C betragen.

Alternativ kann man die Pastete auch im Wasserbad garen.
Dazu 4 Gabeln umgekehrt auf den Boden des Topfes geben, so dass die Form später sicher darauf steht, aber den Boden des Topfes nicht berühren kann. Mit Wasser auffüllen, bis die Form zu 3/4 im Wasser steht.
Das Wasser auf ca. 85 °C erhitzen, es darf keinesfalls kochen! Die Form je Kilogramm Brät ca. 1 Stunde garen. Überprüfen sie am Ende die Kerntemperatur sie sollte 68-71 °C betragen.
Die Pastete abkühlen lassen, vor dem Genuss noch etwas durchziehen lassen, dann schmeckt sie noch besser.

Wildschwein-Leberwurst

625 g	mageres Wildschweinfleisch jeglicher Art
200g	Wildschweinleber
150 g	Schweinefett vom Rücken
25 g	Zwiebel fein gehackt
21 g	Salz
3 g	gemahlenen schwarzen Pfeffer
0,7 g	gerebelten Thüringer Majoran
0,6 g	gemahlenen Thymian
0,4 g	gemahlene Wacholderbeeren
0,1 g	gemahlenen Kardamom
0,1 g	gemahlene Lorbeerblätter

- Die Leber putzen, enthäuten und die Gallengänge entfernen!
- Das Fleisch und das Fett in wolfgerechte Stücke schneiden und in ungesalzener Fleischbrühe 20 Minuten bei 80-85 °C garen.
- Die Zwiebel in wenig Öl goldgelb anschwitzen.
- Die Leber wolfgerecht zuschneiden und zusammen mit dem Fleisch und der Zwiebel 2 mal durch die 2 mm Scheibe wolfen.
- Das Fett wird durch die 4,5 mm Scheibe gewolft.
- Die Wurstmasse mit den Gewürzen 1-2 Minuten in der Rührmaschine durchmischen.
- Das Brät wird traditionell in Naturdärme Kaliber 50 oder Collagendärme Kaliber 50 gefüllt.
- Die Würste werden 40 cm lang und zu einem Ring gebunden.
- Für 50 Minuten bei 75-80 °C in Kesselbrühe brühen.
- Die Würste mit heißem Wasser abschwenken, um sie vom Fettfilm zu befreien. Danach in kaltem Wasser abkühlen.
- Oberflächlich trocknen lassen und 1 mal kalt räuchern.

Eisbein im Glas

2	rohe Eisbeine vom Schwein
1	geräuchertes Eisbein vom Schwein
13 g	Salz je kg Fleisch
10 g	Gelatine-Pulver je Liter Fleischbrühe
5 g	Knoblauchgranulat je kg Fleisch
4 g	gemahlenen weißen Pfeffer je kg Fleisch
2 g	gemahlene Senfkörner je kg Fleisch
2 g	Zwiebelgranulat je kg Fleisch
1 g	getrockneten gemahlenen Sellerie je kg Fleisch

- Alle Eisbeine gründlich mit Wasser reinigen.
- Die Eisbeine in ungesalzener Fleischbrühe weichkochen.
- Das Fleisch vom Knochen lösen und in kleine (1,5-2 cm) Würfel schneiden.
- Ca. 1 Liter gesalzene Fleischbrühe (gesiebt) mit Gelatine-Pulver verrühren.
- Die Fleischwürfel mit den Gewürzen und dem Salz vermengen.
- Etwa 30 Minuten lang ziehen lassen.
- In 400 g Gläser füllen und mit der Fleischbrühe bis 2 cm unter den Rand auffüllen.
- 120 Minuten lang bei 100 °C einkochen.

Da der Salzgehalt von geräuchertem Eisbein stark variiert, empfiehlt es sich, zunächst nur 13 Gramm Salz zu nehmen. Nach dem Ziehenlassen abschmecken und bei Bedarf weiteres Salz zugeben.

Schmalzfleisch

900 g	kerniger Bauch vom Schwein mit 80% Fleischanteil
100 g	Schweineschwarte
20 g	Salz
1 g	gemahlenen schwarzen Pfeffer

- Das Fleisch vom Fett trennen, das Fleisch dann in 3 cm große Würfel schneiden.
- Mit dem Salz vermengen und eine Stunde ziehen lassen.
- Die Schwarte in wolfgerechte Stücke schneiden und in ungesalzener Fleischbrühe bei 80-85 °C 45 Minuten lang weichkochen.
- Das Fett und die Schwarten durch die 3 mm Scheibe wolfen.
- Alle Zutaten gründlich miteinander vermengen.
- Die Masse in Gläser bis 2 cm unter den Rand füllen, dann in 100 °C heißem Wasser einkochen.
- 200 g Gläser 90 Minuten
- 400 g Gläser 120 Minuten

Vesperfleisch Thüringer-Art

500 g	Kopffleisch vom Schwein
500 g	Eisbein vom Schwein
20 g	Salz
3 g	geschroteten Kümmel
3 g	gemahlenen schwarzen Pfeffer
1 g	gerebelten Thüringer Majoran
1 Liter	gesalzene Fleischbrühe, mit 10 g Gelatinepulver vermischt

- Die Fleischwaren in ungesalzener Fleischbrühe bei 80-85 °C für 15 Minuten garen.
- Etwas abkühlen lassen und in 2 cm große Würfel schneiden.
- Die Fleischwürfel mit den Gewürzen und dem Salz vermengen.
- Die Fleischwürfel in 400 g Gläser füllen.
- Die Gläser bis 1 cm unter den Rand mit der gesalzenen Fleischbrühe auffüllen, anschließend in 100 °C heißem Wasser 120 Minuten lang einkochen.

Anleitung zur Herstellung von schnittfesten Rohwürsten

Die folgende Anleitung und Vorgehensweise gilt für alle Wurstrezepte dieser Kategorie (Seite 157-164)

Grundsätzliches:

Die wohl bekannteste schnittfeste Rohwurst ist die Salami.

Wenn man schnittfeste Rohwurst herstellen will, muss man sehr auf die Hygiene achten. Man darf nur bestes und dafür geeignetes Fleisch verwenden. Anders als bei allen anderen Würsten, gibt es bei der schnittfesten Rohwurst eine lange Reifephase. In dieser kann sehr viel schief gehen und die Wurst deshalb verderben. Wird allerdings alles richtig gemacht, ist die fertige Rohwurst sehr lange und ohne Kühlung haltbar.

Eine richtig gereifte Rohwurst, muss im Verlauf des Reifeprozesses, etwa 25-35 % an Gewicht verlieren.

Schnittfeste Rohwurst ist die absolute Königsdisziplin. Keine andere Wurst ist anspruchsvoller und schwieriger herzustellen. Deshalb rate ich Ihnen auch unbedingt, fangen Sie mit kleinen Kalibern (26-30) an. Je dünner die Wurst, desto weniger kann schief gehen. Sammeln Sie Erfahrungen mit dem Reifeprozess. Erst wenn Sie die erforderlichen Reifebedingungen einhalten können, (Luftfeuchtigkeit in Verbindung mit der Temperatur) können Sie sich an dickere Kaliber (40-50) heranwagen.

Fleischauswahl:

Für schnittfeste Rohwurst darf keinesfalls blutiges oder wässriges Fleisch verwendet werden. Am besten geeignet ist das Fleisch von älteren und schweren Tieren. Fleisch aus dem Supermarkt stammt im Regelfall von jungen und schnell gemästeten Tieren und ist für schnittfeste Rohwurst absolut ungeeignet. Am besten eignet sich das Fleisch aus dem Schlegel. Das ist nur wenig durchwachsen und von Natur aus eher fester und etwas trockener. Auch Schulterfleisch eignet sich sehr gut. Die Schulter ist aber sehr stark durchwachsen. Deshalb braucht man sehr lange, um das Fleisch sauber herzurichten. Aus diesem Grund empfehle ich

Fleisch aus dem Schlegel. Das Fleisch muss mindestens 2 Tage alt sein. Es darf aber nicht älter als 5 Tage sein.

Fettauswahl:

Für den Fettanteil am besten nur kerniges Rückenfett verwenden. Wie auch beim Fleisch gilt, dass das Fett möglichst frisch sein sollte.

Wenn Sie schnittfeste Rohwurst machen wollen, sagen Sie dies Ihrem Metzger, wenn Sie das Fleisch und das Fett bestellen. Er kann Ihnen dann geeignetes Rohmaterial herrichten.

Von Geflügelfleisch rate ich inzwischen komplett ab. Noch bis vor einigen Jahren konnte beim Geflügel die Gans als eine Ausnahme angesehen werden. Inzwischen hat sich aber auch die Gänsezucht stark intensiviert und es kann auch hier zu Salmonellen-Befall kommen.

Bei der Herstellung von schnittfester Rohwurst ist Folgendes unbedingt zu beachten:

Kein schlachtfrisches Fleisch, sondern für 2 Tage, be niedrigen Temperaturen von 1-3 Grad abgelagertes Fleisch verwenden. Der pH-Wert ist erst dann im richtigen Bereich.

Das Fleisch nur im angefrorenen Zustand wolfen (Streifen von 1,5 cm x 1,5 cm). Das Brät muss bei der Herstellung so kalt wie möglich bleiben (-2 bis maximal +2 Grad).

Beachten Sie beim Anfrieren Folgendes: Fleisch hat einen wesentlich höheren Wassergehalt als Fett. Dadurch wird es mit zunehmenden Minusgraden immer härter. Der Wolf kann es dann nicht mehr schneiden und wird überlastet. Frieren Sie es nur solange an, bis es sich noch relativ leicht brechen lässt.

Fett hat nur einen sehr geringen Wassergehalt. Man kann es nahezu tiefkühlen und der Wolf kann es dann immer noch schneiden. Deshalb das Fleisch weniger und das Fett stärker anfrieren.

Der Raum, in dem das Fleisch verarbeitet wird, sollte möglichst kühl sein.

Nun mag sich der ein oder andere die Frage stellen, weshalb das Brät so kalt sein muss, wenn die Würste doch später bei recht hohen Temperaturen gereift werden. Das Brät muss deshalb so kalt sein, dass es weder beim Rühren, noch beim Füllen schmiert.

Die Gewürze mit Ausnahme vom Salz, werden mit dem Fleisch und dem Fett bereits vor dem Wolfen vermischt. So wird erreicht, dass man nicht zu lange rühren muss, um eine gute Durchmischung zu erreichen.

Das Salz erst kurz bevor das Rühren fertig ist zugeben.
Salz trägt erheblich zur Bindung bei. Wenn man das Salz schon zu Beginn des Rührvorganges zugibt, dann vermischen sich das Fett und das magere Fleisch zu sehr und es neigt eher zum Schmieren. Typisch für Salami ist aber, dass das Fett als kleine Kügelchen zu sehen ist. Aus diesem Grund gibt man das Salz erst dann zu, wenn das Brät beim Rühren anfängt, kleine Klümpchen zu bilden. Dann noch solange weiterrühren bis man eine deutliche Bindung feststellt. Wenn man schon aufhört zu rühren, solange sich das Brät noch anfühlt und aussieht wie Hackfleisch, wird die Wurst später zerbröseln.
Das Brät nicht von Hand durchmischen, sondern mit der Maschine, um die Erwärmung gering zu halten. Wenn möglich, geben Sie die Rührschüssel vor dem Rührvorgang in den Tiefkühler, um die Erwärmung des Bräts zu reduzieren. Das Brät sollte, wenn es fertig gerührt ist, eine Temperatur von etwa -1 bis maximal +2 °C haben. Falls das Brät zu warm geworden ist, kann man es vor dem Füllen nochmal abkühlen.
Wie bereits oben erwähnt, muss eine deutliche Bindung vorhanden sein. Ist das Brät noch ähnlich wie Hackfleisch, dann erhöht sich auch die Menge von Lufteinschlüssen. Diese führen während des Reifeprozesses sehr leicht zum Verderb!

Schnittfeste Rohwurst muss unbedingt in Collagen- oder Naturdärme gefüllt werden. Keinesfalls Sterildärme verwenden! Das

Brät muss trocknen können. Die Würste sollten mindestens 3-5 cm Abstand zu einander haben, damit sie gut trocken können.

Die Wurstmasse muss sehr stramm in den Darm gefüllt werden und darf keinesfalls Luftblasen enthalten.
Kleinere Kaliber (26-30) sind für Anfänger empfehlenswerter als große (40-50). Die erforderliche Trocknung geht in dünneren Kalibern schneller vonstatten. Die Reifephase wird dadurch verkürzt und es kann weniger schief gehen.
Dies ist auch sehr wichtig, wenn bei der Herstellung komplett auf Nitritpökelsalz verzichtet wird.

Ein paar Worte zum Pökelsalz.
Ich bin absolut kein Freund von Pökelsalz. Aber der Vollständigkeit halber möchte ich erwähnen, dass Pökelsalz das Fett in der Wurst vor Oxidation schützt. Die Oxidation von Fett hat einen Geschmacksabbau und eine verringerte Haltbarkeit zur Folge. Wenn Sie komplett auf Pökelsalz verzichten, dann sind dünne Kaliber zu bevorzugen. Denn die Salami ist dann schneller fertig und kann früher verzehrt werden. Durch eine gröbere Wolfung des Fettanteils kann die Oxidation ebenfalls verzögert werden. Allerdings macht die fertige Wurst, durch die größeren sichtbaren Fettkügelchen, einen fetteren Eindruck. Es ist sehr wichtig, dass das Fett beim Wolfen gut angefroren ist. So wird es beim Wolfen besser geschnitten und schmiert weniger. Wenn es schmiert wird die Oberfläche vergrößert, was eine schnellere Oxidation zur Folge hat.
Das Fett von älteren Tieren ist wesentlich oxidationsbeständiger als das von Jüngeren. Deshalb ist es, wenn man auf Pökelsalz verzichten will, von allergrößter Wichtigkeit, nur Fett von älteren Tieren zu verwenden. Dabei ist auf jeden Fall dem festeren Fett aus dem Rücken den Vorzug zu geben.
Wenn Sie auf Pökelsalz verzichten wollen, dann ist es erforderlich, dass die Würste, schon während der Reife, so dunkel wie möglich gelagert werden. Licht beschleunigt die Oxidation von Fett. Auch

Schwermetalle beschleunigen die Oxidation von Fett. Deshalb darf weder das Fleisch noch das Fett, während der Herstellung mit Kupfer in Berührung kommen.
Um die unerwünschte Oxidation des Fettes zu verringern, kann man dem Brät Ascorbinsäure zugeben. Diese Zugabe kann im Bereich von 0,3-0,5 Gramm je Kilogramm Wurstmasse liegen.

Eine weitere Möglichkeit zur Reduktion der Oxidation, liegt in den Gewürzen die man verwendet. Sowohl Paprika, als auch Rosmarin verzögern die Oxidation von Fett und verbessern so die Haltbarkeit der Wurst. Paprikapulver trägt nebenbei auch zu einer schöneren Farbe bei.
Pökelsalz hat eine bessere Konservierungswirkung als normales Salz. Deshalb wird, mitunter auch vom Forschungsinstitut für biologischen Landbau, empfohlen den Salzgehalt der Wurst auf 28 Gramm Salz je kg Wurstmasse zu erhöhen, wenn auf Pökelsalz komplett verzichtet wird. Sie können auch einen Kompromiss eingehen und die Mindestmenge an Pökelsalz verwenden. Die absolute Mindestmenge beträgt 7,5 Gramm je kg Wurstmasse. Den Rest der erforderlichen Salzmenge, können Sie mit Natursalz auffüllen.
Wenn Sie komplett ohne Pökelsalz arbeiten möchten, rate ich besonders Anfängern dazu, unbedingt Starterkulturen einzusetzen.

Starterkulturen
Starterkulturen enthalten große Mengen von den erwünschten und für die Reifung wichtigen Bakterien. Unerwünschte Bakterien werden so zuverlässig unterdrückt. Die gewünschte und erforderliche Absenkung des pH-Wertes der Wurst läuft schneller und zuverlässiger ab. Die Reife wird dadurch schneller und sicherer abgeschlossen. Die Zugabe von Starterkulturen ist generell zu empfehlen. Reifefehler und möglicher Verderb werden durch sie erheblich reduziert. Erst mit zunehmender Erfahrung kann man sich an das Naturreife-Verfahren wagen. Es gibt Starterkulturen mit und ohne Pökelstoffe. Beachten Sie bitte auch die Angaben des

Herstellers bezüglich der Reifebedingungen. Ebenso kann es sein, dass kein Zucker mehr zugesetzt werden darf, oder ein ganz spezieller Zucker zu bevorzugen ist. Halten Sie sich unbedingt an die Angaben des Herstellers, falls sie von den hier gemachten Angaben abweichen sollten. Falls das Reifemittel bereits Salz enthält, muss dieses bei der Gesamtsalzmenge berücksichtigt werden.

Das richtige Kaliber

Beginnen Sie als Anfänger am besten mit Kaliber 26/28. Das sind zwar vergleichsweise dünne Würste, aber besser als eine große Enttäuschung. Mit zunehmender Erfahrung können Sie das Kaliber dann langsam steigern. Je dicker die Rohwurst, desto länger dauert die Reife und je stärker rächt sich der kleinste Fehler.

Insbesondere wenn auf Nitrit-Pökelsalz verzichtet wird, sollte man nur dünne Kaliber bis maximal 50 verwenden.

Zucker oder auch Honig stellt für Milchsäurebakterien eine gute Nahrungsquelle dar. Durch die Milchsäure wird der pH-Wert in der Wurstmasse abgesenkt und so die Haltbarkeit verbessert. Die Milchsäure ist auch sehr wichtig, um den typischen Salamigeschmack zu erzielen. Deshalb ist es bei der Herstellung von schnittfester Rohwurst wichtig, dem Brät Zucker oder Honig beizumischen.

Der Reifeprozess

Die Reifung von schnittfester Rohwurst ist ein sehr heikles Thema. Man muss die Würste mindestens täglich beobachten.

Es ist eine ständige Gratwanderung zwischen zu niedrigen und zu hohen Temperaturen, um die gewünschten Bakterien-Kulturen zu fördern, andererseits aber die unerwünschten nicht zu stark zu vermehren. Um dieses Problem zu lösen, kann man auf sogenannte Starterkulturen zurückgreifen.

Es gibt auch fertige „Würz-Mischungen“ für ein sogenanntes Schnell-Reifeverfahren. Wenn Sie eine solche Mischung verwenden, arbeiten Sie bitte exakt nach den Angaben des Herstellers!

Edelschimmel

Edelschimmel hat einen großen Einfluss auf den Geschmack und die Haltbarkeit der Wurst.
Wenn man Edelschimmel-Salami herstellen möchte, dann ist es ratsam, sich Schimmel-Kulturen zu kaufen. Durch eine erhöhte Luftfeuchtigkeit während der Reife, kann sich zwar auch von selbst Schimmel bilden, allerdings hat man dann keine Ahnung, um welche der unzähligen Schimmelarten es sich handelt. Es gibt den erwünschten Edelschimmel, aber leider auch gesundheitsgefährdende Arten. Mit dem bloßen Auge kann man sie leider nicht unterscheiden.
Der Einsatz von Edelschimmel-Kulturen garantiert zum einen, dass sich wirklich Schimmel an der Oberfläche bildet, zum anderen werden die gesundheitsgefährdenden Arten zuverlässig verdrängt. Man kann die Edelschimmel-Salami später guten Gewissens verzehren.
Wenn man Edelschimmel-Salami machen möchte, darf die Wurst nicht geräuchert werden, weil der Rauch das Schimmel-Wachstum unterbindet oder zumindest stark hemmt.

Die Luftfeuchtigkeit

Sie stellt beim Reifeprozess eine der größten Herausforderungen dar. Ist sie zu hoch, dann kann die Wurst schimmeln. Dies ist nicht immer erwünscht und ohne den Einsatz von Edelschimmel-Kulturen kann der Schimmel ein gesundheitliches Risiko darstellen. Ist die Luftfeuchtigkeit zu niedrig, trocknet die Wurst am Rand zu schnell aus. Die Wasserabgabe wird dadurch erheblich behindert oder komplett eingeschränkt. Dies hat zur Folge, dass der Kern der Wurst verdirbt, weil die erforderliche Trocknung nicht mehr stattfinden kann.

Sonnenlicht

Egal ob Sie mit oder ohne Pökelsalz arbeiten, lagern Sie die Würste immer so dunkel wie möglich. Licht trägt erheblich zur Oxidation von Fett bei, was mit einer Verringerung des Wohlgeschmacks verbunden ist.

Gehen Sie bei der Reifung folgendermaßen vor:
Zunächst müssen die Würste langsam an die Temperatur, die im Reife-Raum herrscht, angeglichen werden. Nach dem Füllen sind diese noch sehr kalt. Wenn sie nun sofort in den warmen Raum kommen, dann bildet sich an ihnen sehr viel Kondenswasser. Wenn möglich, lüften Sie den Reife-Raum längere Zeit, um die Temperatur abzusenken. Schließen Sie sobald die Würste im Raum sind das Fenster, denn Zugluft kann Trockenrand verursachen. Wenn die Würste im Raum aufgehängt sind, können sich der Raum und die Würste langsam erwärmen und die Temperaturen gleichen sich an.
Wenn dieser Vorgang abgeschlossen ist, erfolgt die Reifung.

Das Schnell-Reifeverfahren
Wenn Sie Pökelsalz und / oder Starterkulturen verwendet haben, können Sie mit höheren Temperaturen arbeiten.

Schaffen Sie die nächsten 12 Tage folgende Bedingungen:

1. Tag	18° C	95% relative Luftfeuchtigkeit
2. Tag	20° C	93% relative Luftfeuchtigkeit
3. Tag	20° C	93% relative Luftfeuchtigkeit
4. Tag	18° C	90% relative Luftfeuchtigkeit
5. Tag	18° C	90% relative Luftfeuchtigkeit
6. Tag	18° C	88% relative Luftfeuchtigkeit
7. Tag	18° C	88% relative Luftfeuchtigkeit
8. Tag	18° C	85% relative Luftfeuchtigkeit
9. Tag	18° C	85% relative Luftfeuchtigkeit
10. Tag	18° C	80% relative Luftfeuchtigkeit
11. Tag	18° C	80% relative Luftfeuchtigkeit
12. Tag	18° C	80% relative Luftfeuchtigkeit
Ab dem 13. Tag	Unter 15° C	75% relative Luftfeuchtigkeit

Ab dem 12. Tag können die Würste verzehrt oder weiter gelagert werden, bis sie die gewünschte Konsistenz erreicht haben. Bei dünnen Kalibern verkürzt sich die Reifezeit erheblich, diese sind meist schon nach einer Woche fertig.

Das Natur-Reifeverfahren

Wenn Sie komplett ohne Pökelsalz und ohne Starterkulturen arbeiten möchten, sollten die Temperaturen insbesondere am Anfang niedriger gehalten werden. Dies ist besonders während der ersten 3 Tage sehr wichtig. Erst durch die zunehmende Milchsäurekonzentration im Fleisch und der damit einhergehenden Senkung des pH-Wertes, verbessert sich die Haltbarkeit der Wurstmasse. Auch der Einsatz von Ascorbinsäure ist hier förderlich, denn diese senkt den pH-Wert sofort ab.

Bei diesem Verfahren rate ich dringend zu dünnen Kalibern!

Denn bei dünnen Kalibern verkürzt sich die Trocknungszeit erheblich und die Haltbarkeit wird schnell verbessert. Dünne Würste sind meist schon nach einer guten Woche weitgehend fertig. So wird Reifefehlern und Verderb effektiv entgegengewirkt.

1. Tag	14° C	95% relative Luftfeuchtigkeit
2. Tag	14° C	93% relative Luftfeuchtigkeit
3. Tag	15° C	93% relative Luftfeuchtigkeit
4. Tag	16° C	90% relative Luftfeuchtigkeit
5. Tag	16° C	90% relative Luftfeuchtigkeit
6. Tag	16° C	88% relative Luftfeuchtigkeit
7. Tag	16° C	88% relative Luftfeuchtigkeit
8. Tag	16° C	85% relative Luftfeuchtigkeit
9. Tag	16° C	85% relative Luftfeuchtigkeit
10. Tag	16° C	80% relative Luftfeuchtigkeit
11. Tag	16° C	80% relative Luftfeuchtigkeit
12. Tag	16° C	80% relative Luftfeuchtigkeit
Ab dem 13. Tag	Unter 15° C	75% relative Luftfeuchtigkeit

Probleme während der Reifephase und deren Abhilfe:

Eines noch kurz vorab:

Ohne eine Klimakammer wird es nahezu unmöglich sein, die angegebenen Werte exakt dauerhaft einzuhalten. Geringfügige Abweichungen von 1-2 Grad sind kein großes Problem. Wenn die Temperatur einen Fehler hat, dann sollte sie lieber zu niedrig als zu hoch sein. Auch bei der Luftfeuchtigkeit sind kleine Abweichungen von 2-3 Prozent nicht allzu schlimm. Wenn die Feuchtigkeit einen Fehler hat, dann sollte sie lieber etwas zu hoch als zu niedrig sein. Bei zu niedriger Feuchtigkeit können die Würste zu schnell trocknen. Das führt zu Trockenrand und die Würste verderben.

Luftfeuchtigkeit

Die größte Herausforderung während der Reife, stellt die erforderliche hohe Luftfeuchtigkeit dar. In modernen Häusern ist diese im Regelfall immer zu niedrig.

Um die Feuchtigkeit zu erhöhen, können Sie in den Raum feuchte Leintücher aufhängen.

Noch einfacher ist es, die Würste an einem Wäscheständer aufzuhängen. Über diesen hängen Sie nun Leintücher. Diese werden nun je nach Bedarf, mehr oder weniger feucht gemacht. Dazu verwenden Sie am einfachsten eine Sprühflasche, die das Wasser vernebelt. Diese bekommen Sie in jedem Haushaltswaren-Geschäft für ein paar Euro. Besprühen Sie dazu die Leintücher von außen. Da sich unter den Leintüchern ein Mikroklima bildet und die Luftmenge erheblich geringer ist, als die des ganzen Raumes, kann man viel einfacher die erforderliche Feuchtigkeit einstellen.

Ist die Feuchtigkeit zu hoch, kann man einen Teil der Leintücher vom Wäscheständer entfernen und diese später einfach weniger feucht machen. Die Methode mit dem Wäscheständer hat auch den Vorteil, dass die Luftumwälzung niedriger ist. So kann der gefürchtete und verheerende Trockenrand nicht so einfach auftreten.

Eine weitere Methode wäre einen alten Kühlschrank, der oben noch eine Gefriereinheit hat, umzubauen. Diese Kühlschränke lassen sich meist so weit runterdrehen, dass man die erforderliche Temperatur konstant einhalten kann.

Die sehr hohe Luftfeuchtigkeit, die anfangs gebraucht wird, kann man durch einen geschlossenen Behälter einfach einstellen. Hier eignet sich ein Gäreimer (man bekommt sie +- 30 Liter groß) den man mit einem Deckel verschließen kann. Und in diesen Eimer baut man sich ein herausnehmbares Gestell, an das man dann die Würste oder auch Schinken hängen kann. Durch die Feuchtigkeit der Würste stellt sich meist das ideale Klima von selbst ein. Und selbst wenn die Feuchte etwas zu gering wäre, kann man mit einem angefeuchteten Tuch nachhelfen.

Sollte das Klima je zu feucht sein, braucht man nur den Deckel des Eimers ein Stück weit öffnen und der Kühlschrank trocknet die Luft im Eimer. Da der Eimer aber nicht komplett offen ist, trocknet die Luft darin nur langsam. Falls die Feuchtigkeit zu gering ist, den Deckel wieder schließen.

Es wird jeden Tag kurz die Reife kontrolliert. Man schaut auf das Thermometer und das Hygrometer, welches sich im Eimer befindet und man weiß wie es um die Reifung steht.

Bei jeder Kontrolle sollte man das Tragegestell herausnehmen und die Luft im Eimer austauschen.

Je mehr im Eimer reift, desto feuchter wird natürlich das Klima und es kann sinnvoll sein, den Gäreimer immer offenzulassen.

Trockenrand

Wenn man bemerkt, dass die Wurst am Rand zu stark getrocknet ist, reibt man sie mit etwas Salzwasser (30-35 Gramm Salz je Liter) ab, um die äußere Schicht wieder wasserdurchlässig zu machen.

Unerwünschter Schimmel

Wenn Sie feststellen, dass die Würste schimmeln, waschen Sie sie mit Salzwasser ab (30-35 Gramm Salz je Liter). Wiederholen Sie das, wenn erforderlich täglich. Mit zunehmender Trocknung wird die Bildung von neuem Schimmel verhindert.
Sie können die Würste nach dem Abwaschen auch einmalig für ca. 6 Stunden kalt räuchern.
Dabei aber unbedingt darauf achten, dass die Temperatur im Räucherschrank so niedrig wie möglich ist (max. 20 °C), um der Bildung von Trockenrand vorzubeugen!

Schnelle Kontrolle für zwischendurch.

Die Würste „reden" während der Reifung mit einem, und zwar über den Wurstzipfel. Man bekommt so selbst ohne Messinstrumente, einen schnellen Überblick, ob alles in Ordnung ist oder ob Handlungsbedarf besteht. Wenn der Zipfel schön geschmeidig ist, ist die Luftfeuchtigkeit richtig. Ist er trocken, ist sie zu niedrig. Ist er nass, ist sie zu hoch.

Wie schon zu Beginn erwähnt, ist die Herstellung von schnittfester Rohwurst die anspruchsvollste Disziplin und alles andere als einfach! Deshalb noch folgender Hinweis:

Wenn Sie feststellen, dass die Wurst Verformungen, Dellen oder Lufteinschlüsse im Inneren aufweist, muss davon ausgegangen werden, dass die Wurst durch falsche Lagerung verdorben ist. Kontrollieren Sie auch immer den Geruch der Wurst, bevor Sie sie verzehren. Wenn Ihnen irgendetwas komisch vorkommt, entsorgen Sie im Interesse Ihrer Gesundheit die Wurst.
Besondere Aufmerksamkeit ist gefordert, wenn Sie komplett auf Pökelsalz verzichtet haben!

Werfen Sie im Zweifelsfall lieber eine Wurst zu viel weg, als eine zu wenig!

Das Wichtigste in Kürze:

- Nur Fleisch von älteren Tieren verwenden, keinesfalls blutiges oder wässriges Fleisch.
- Bevorzugt kerniges, möglichst frisches Fett vom Rücken verwenden.
- Das Fleisch muss mindestens 2 Tage, aber maximal 5 Tage alt sein.
- Fleisch und Fett nur im angefrorenen Zustand wolfen, Gewürze bis auf Salz mit dem Fleisch und Fett mitwolfen.
- Das Brät darf nach dem Rühren maximal +2 °C warm sein.
- Das Salz erst kurz vor Beendigung des Rührvorganges zugeben.
- Das Brät solange rühren, bis eine deutliche Bindung eintritt.
- Rohwurst kann nur in wasserdurchlässigen Därmen hergestellt werden.
- Lufteinschlüsse beim Füllen der Därme vermeiden, gegebenenfalls entfernen.
- Zu Beginn lieber kleine Kaliber verwenden (26/28)
- Vor Licht geschützt reifen lassen und lagern.
- Würste während der Reifung täglich kontrollieren.
- Edelschimmel-Salami darf nicht geräuchert werden.
- Wenn Trockenrand auftritt, Würste mit Salzlösung anfeuchten.
- Bei unerwünschtem Schimmelbefall mit Salzlösung abwaschen und 1 mal kalt räuchern (max. 20 °C).
- Die Würste müssen während des Trocknungsprozesses ca. 25-35 % an Gewicht verlieren.
- Die Lagerung der fertigen Würste erfolgt bei Temperaturen unter 15 °C. Sie kann auch vakuumiert werden (nur mit einem Profigerät!) und bei 0-4 °C gelagert werden. Auf diese Art bleibt die Salami saftiger.
- Für das Aroma ist allerdings die Lagerung an der Luft besser, auch wenn die Salami immer härter wird.

Grundrezept für 1 kg Salami

350 g mageres Schweinefleisch (kann auch durch anderes Fleisch wie Ziege, Wild, Schaf etc. ausgetauscht werden).
350 g mageres Rindfleisch (kann auch durch anderes Fleisch wie Ziege, Wild, Schaf etc. ausgetauscht werden).
300 g kerniges Fett mit Fleischanteil (sollte vom Schwein sein, da es geschmacklich am neutralsten ist).

Grund-Gewürze zur Schnellreifung mit Startkulturen:

26 g Salz
3 g gemahlenen schwarzen Pfeffer
Schnellreife-Kulturen bekommen Sie im Fleischer-Fachgeschäft, beachten sie bitte die Angaben des Herstellers und ob Sie Salz zugeben müssen.
Grund-Gewürze für das Naturreifeverfahren ohne NPS:

28 g Salz
3 g gemahlenen schwarzen Pfeffer
3 g Zucker
1 g gemahlenen edelsüßen Paprika
0,2 g gemahlenen Rosmarin

- Die Fleischstücke gut säubern d.h., es wird von Sehnen und Knorpeln befreit. Nehmen sie nur schöne Fleischstücke.
- Das Fleisch wird angefroren, das Fett tiefgefroren.
- Die Fleischwaren zusammen mit den Gewürzen, ohne das Salz durch die 3 oder 4,5 mm Scheibe wolfen.
- Anschließend alles gründlich mit der Rührmaschine miteinander vermengen.
- Wenn das Brät anfängt zu binden, das Salz zugeben und weiterrühren, bis es eine deutliche Bindung hat.
- Das Brät darf jetzt maximal +2 °C warm sein, ist es wärmer wieder in den Tiefkühler geben.
- Wenn es im Kern eine Temperatur von 0 °C hat, mit dem Wurstfüller in Collagendärme Kaliber 26-50 oder Naturdärme Kaliber 26-50 füllen.

- Dann entweder nach der Anleitung für das Natur- oder Schnellreifeverfahren reifen lassen.

Wenn die Wurst fertig gereift ist, kann sie noch kalt geräuchert werden. Die Stärke der Räucherung ist Ihnen überlassen. Je nach Ihrem persönlichen Geschmack, kann von mild (1 mal), bis kräftig (5 mal) geräuchert werden. Die Salami kann aber auch ungeräuchert belassen werden.

Vorgehensweise bei den folgenden Rezepten:
Die Verarbeitung der Fleischwaren ist immer identisch.
Was sich unterscheidet, ist Folgendes:

- die Wolfung des Fleisches und des Fettes
- das Kaliber (unbedingt reifefähige Wursthüllen verwenden)
- die Länge der Würste
- wie oft man räuchert (wobei die Anzahl nur Vorschläge sind)

Diese Angaben werden gesondert in den Rezepten aufgeführt.

Generelle Vorgehensweise bei schnittfester Rohwurst:
- Das Fleisch sorgfältig von Knorpeln und Sehnen befreien.
- Das Fett und das Fleisch wolfgerecht zuschneiden.
- Das Fleisch anfrieren, das Fett nahezu tiefgefrieren.
- Dann mit den Gewürzen, <u>ohne</u> das Salz vermengen.
- Das Fleisch und das Fett wolfen.
- Die Fleischwaren wieder anfrieren, es muss aber noch rührbar sein (ca. -4°C).
- Das Brät in der Rührmaschine gut vermengen, bis es anfängt zu binden. Dann das Salz zugeben und weiterrühren, bis das Brät eine deutliche Bindung hat.
- Die Wurstmasse sollte vor dem Füllen maximal 2 °C haben, ansonsten herunter kühlen.
- Das Brät mit dem Wurstfüller in Collagendärme Kaliber 26-50 oder Naturdärme Kaliber 26-50 füllen und 40 cm lang machen.
- Die Würste aufhängen und nach Anleitung ab Seite 149 reifen lassen.

Nach Abschluss der Reifung, wenn erwünscht, noch 1-3 mal kalt räuchern.

Cervelatwurst

400 g mageres Schweinefleisch
300 g Rückenfett vom Schwein mit 20% Fleischanteil
300 g mageres Rindfleisch
26 g Salz
15 g Cognac oder Whisky
3 g Zucker
1,5 g geschroteten schwarzen Pfeffer
1,5 g gemahlenen schwarzen Pfeffer

Zur Verlangsamung der Oxidation (optional):
1 g gemahlenen edelsüßen Paprika
0,2 g gemahlenen Rosmarin

Generelle Vorgehensweise siehe Seite 156

- Das Fleisch und das Fett durch die 2 mm Scheibe wolfen.
- Kaliber 26-50 verwenden und 40 cm lang machen.

Delikate Salami

750 g mageres Rindfleisch
250 g kerniges Rückfett vom Schwein ohne Fleischanteil
26 g Salz
4 g kleingehackten frischen Knoblauch
3 g gemahlenen scharfen Paprika
3 g Zucker
2 g geschroteten schwarzen Pfeffer
1 g gemahlenen schwarzen Pfeffer

Zur Verlangsamung der Oxidation (optional):
0,2 g gemahlenen Rosmarin

Generelle Vorgehensweise siehe Seite 156

- Das Fleisch und das Fett durch die 4,5 mm Scheibe wolfen.
- Kaliber 26-50 verwenden und 40 cm lang machen.

Rindersalami

750 g mageres Rindfleisch
250 g fetten kernigen Schweinebauch oder Rückenfett
26 g Salz
6 g Honig
2 g gemahlenen schwarzen Pfeffer
1 g gemahlenen scharfen Paprika
1 g ganzen Kümmel
0,5 g geschroteten Koriandersamen
0,5 g gemahlenen Muskat
0,5 g gemahlenen Piment

Zur Verlangsamung der Oxidation (optional):
0,2 g gemahlenen Rosmarin

Generelle Vorgehensweise siehe Seite 156

- Das Fleisch und das Fett durch die 8 mm Scheibe wolfen.
- Kaliber 30 verwenden und 25 cm lang machen.
- Nach der Reifung wenn erwünscht noch 3-4 mal kalt räuchern.

Rustikale Wintersalami

700 g mageres Schweinefleisch
300 g fetten Schweinebauch mit 20% Fleischanteil
26 g Salz
4 g gemahlenen schwarzen Pfeffer
3 g Zucker
1 g gemahlenen edelsüßen Paprika
1 g ganze Senfkörner
0,4 g gemahlenen Rosmarin

Generelle Vorgehensweise siehe Seite 156

- Das Fleisch durch die 4,5 mm Scheibe, das Fett durch die 3 mm Scheibe wolfen.
- Kaliber 26-50 verwenden, 40 cm lang machen und zu Ringen binden.

Rustikale Salami

600 g mageres Rindfleisch
400 g Schweinerückenfett mit 50 % Fleischanteil
26 g Salz
20 g Rum
4,5 g kleingehackten frischen Knoblauch
3 g Zucker
2,5 g geschroteten schwarzen Pfeffer
1,5 g gemahlenen schwarzen Pfeffer

Zur Verlangsamung der Oxidation (optional):
1 g gemahlenen edelsüßen Paprika
0,2 g gemahlenen Rosmarin

Generelle Vorgehensweise siehe Seite 156

- Das Fleisch und das Fett durch die 8 mm Scheibe wolfen.
- Kaliber 26-50 verwenden und 40 cm lang machen.

Salami polnische Art

500 g mageres Rindfleisch
500 g Schweinebauch mit 50% Fleischanteil
26 g Salz
5 g Honig
1,5 g gemahlenen schwarzen Pfeffer
1,5 g geschroteten schwarzen Pfeffer
2 g kleingehackten frischen Knoblauch
0,8 g geschroteten Koriandersamen
0,3 g gemahlenen Muskat

Generelle Vorgehensweise siehe Seite 156

- Das Fleisch mit dem Knoblauch durch die 3 mm Scheibe, das Fett durch die 4,5 mm Scheibe wolfen.
- 3 mal kalt räuchern (maximal 20 °C)
- Anschließend weiter trocknen lassen.

Trockenwurst

750 g mageres Schweinefleisch
250 g kerniges Schweinerückenfett ohne Fleischanteil
26 g Salz
7 g gemahlenen edelsüßen Paprika
3 g Zucker
3 g kleingehackten frischen Knoblauch
3 g gemahlenen schwarzen Pfeffer

Zur Verlangsamung der Oxidation (optional):
0,2 g gemahlenen Rosmarin

Generelle Vorgehensweise siehe Seite 156

- Das Fleisch und das Fett durch die 4,5 mm Scheibe wolfen.
- Kaliber 30 verwenden, 50 cm lang machen, zu Ringen binden.
- Die fertigen Würste 4 mal kalt räuchern (maximal 20 °C).
- Trocknen lassen, nach einem Monat Reife ist die Wurst fertig.

Französische Wildschwein-Salami

700 g mageres Wildschweinefleisch
300 g fetter Wildschweinbauch oder Rückenfett
26 g Salz
20 g Cognac
6 g Honig
2 g gemahlenen schwarzen Pfeffer
2 g gemahlenen Piment
1 g gemahlene Muskatblüte (Macis)
1 g ganzen Kümmel

Zur Verlangsamung der Oxidation (optional):
1 g gemahlenen edelsüßen Paprika
0,2 g gemahlenen Rosmarin

Generelle Vorgehensweise siehe Seite 156

- Das Fleisch und das Fett durch die 6 mm Scheibe wolfen.
- Kaliber 26-50 verwenden und die Würste 40 cm lang machen.

Heuberger Reh-Salami

650 g mageres Rehfleisch
350 g fetten Schweinebauch oder Rückenfett
26 g Salz
15 g Zwetschgenschnaps
6 g Honig
2 g gemahlenen schwarzen Pfeffer
2 g kleingehackten frischen Knoblauch
1 g gemahlenen Ingwer
0,5 g gemahlene Muskatblüte (Macis)
0,5 g gemahlenen Rosmarin

Zur Verlangsamung der Oxidation (optional):
1 g gemahlenen edelsüßen Paprika

Generelle Vorgehensweise siehe Seite 156

- Das Fleisch und das Fett durch die 4,5 mm Scheibe wolfen.
- Kaliber 26-50 verwenden und 50 cm lang machen.
- Wenn erwünscht noch bis zu 4 mal kalt räuchern.

Hirschsalami Oberburger Art

700 g mageres Hirschfleisch
300 g kerniges Schweinefett vom Rücken
26 g Salz
7 g braunen Rum
7 g gemahlenen edelsüßen Paprika
3 g gemahlenen scharfen Paprika
3 g durch die Presse gedrückten Knoblauch
3 g Zucker
1 g gemahlenen schwarzen Pfeffer
0,3 g gemahlenen Rosmarin

Generelle Vorgehensweise siehe Seite 156

- Das Fleisch und das Fett durch die 8 mm Scheibe wolfen.
- Kaliber 30 verwenden und 40 cm lang machen.
- Wenn erwünscht noch bis zu 5 mal kalt räuchern.

Hirtensalami

700 g mageres Schaf- oder Ziegenfleisch
300 g kerniges Rückenfett (soll die Wurst geschmacklich etwas milder sein, dann Schweinefett verwenden)
40 g hochwertigen trockenen Rotwein
26 g Salz
4 g gemahlenen schwarzen Pfeffer
3 g Zucker
0,25 g geschroteten Koriandersamen
0,2 g gemahlenen Rosmarin

Zur Verlangsamung der Oxidation (optional):
1 g gemahlenen edelsüßen Paprika

Generelle Vorgehensweise siehe Seite 156

- Das Fleisch durch die 3mm Scheibe, das Fett durch die 4,5 mm Scheibe wolfen.
- Kaliber 30 verwenden, 40 cm lang machen, zu Ringen binden.

Waldsalami

700 g mageres Wildfleisch
300 g kerniges Rückenfett
40 g hochwertigen trockenen Rotwein
26 g Salz
4 g gemahlenen schwarzen Pfeffer
3 g Zucker
0,25 g geschroteten Koriandersamen
0,2 g gemahlenen Rosmarin

Zur Verlangsamung der Oxidation (optional):
1 g gemahlenen edelsüßen Paprika

Generelle Vorgehensweise siehe Seite 156

- Das Fleisch durch die 3 mm Scheibe, das Fett durch die 4,5 mm Scheibe wolfen.
- Kaliber 26-50 verwenden und 40 cm lang machen.

Wild oder Schafsalami

400 g Wild oder Schafkeule
300 g mageres Schweinefleisch
300 g kerniges Rückenfett ohne Fleischanteil
26 g Salz
4 g Zucker
5 g kleingehackten frischen Knoblauch
3,5 g geschroteten Kümmel
1 g gemahlenen schwarzen Pfeffer
1 g gemahlenen Koriandersamen
0,3 g gemahlenen Rosmarin
0,2 g gemahlenen Thymian

Zur Verlangsamung der Oxidation (optional):
1 g gemahlenen edelsüßen Paprika

Generelle Vorgehensweise siehe Seite 156

- Das Wildfleisch zusammen mit dem Knoblauch durch die 3mm Scheibe wolfen.
- Das Schweinefleisch durch die 4,5 mm Scheibe wolfen.
- Das Fett durch die 6 mm Scheibe wolfen.
- Kaliber 26-50 verwenden und 30 cm lang machen.

Wildschwein-Salami

700 g	mageres Wildschweinfleisch
300 g	fetter Wildschweinbauch oder Rückenfett
26 g	Salz
20 g	hochwertigen trockenen Rotwein
6 g	Honig
4 g	gemahlenen scharfen Paprika
2 g	kleingehackten frischen Knoblauch
2 g	ganze Senfkörner
2 g	gemahlenen schwarzen Pfeffer
1 g	ganzen Kümmel
1 g	geschroteten Koriandersamen
2	geschrotete Pimentkörner

Zur Verlangsamung der Oxidation (optional):

0,2 g gemahlenen Rosmarin

Generelle Vorgehensweise siehe Seite 156

- Das Fleisch und das Fett zusammen mit dem Knoblauch durch die 6 mm Scheibe wolfen.
- Kaliber 26-50 verwenden und 35 cm lang machen.

Anleitung zur Herstellung von streichfähigen Rohwürsten

Die folgende Anleitung und Vorgehensweise gilt für alle Wurstrezepte dieser Kategorie (Seite 168-175)

Grundsätzliches:
Rohwürste bestehen aus rohem Fleisch, Fett und Gewürzen. Sie sind weich und somit gut streichfähig.

Wenn grob gewolft wird, sollte man bevorzugt schöne Fleischstücke aus dem Schlegel verwenden. Wenn fein gewolft wird, können auch sehr gut unschönere und durchwachsene Fleischstücke jeglicher Art verwendet werden.

Bei ihrer Herstellung muss sehr auf die Hygiene geachtet werden. Dadurch, dass das Brät in der Regel sehr fein gewolft ist und Bakterien eine große Oberfläche bietet, sind streichbare Rohwürste nicht so lange haltbar. Es ist empfehlenswert, sie sobald sie fertig sind, einzufrieren oder nur soviel herzustellen, wie man zeitnah essen kann.

Bei der Rohwurst-Herstellung ist es ganz wichtig, dass die Wolfmesser absolut scharf sind und die Fleischwaren angefroren sind. Sonst wird das Fleisch nicht sauber geschnitten, sondern durch die Scheibe gequetscht und erhitzt sich dabei unnötig.
Schneiden Sie das Fleisch in 1,5 x 1,5 cm breite und ca. 20 cm lange Streifen, so dass sie vom Wolf gut erfasst werden.

Das Fleisch sollte vor dem Wolfen angefroren werden, damit es sich beim Wolfen nicht so sehr erwärmt. Anfrieren bedeutet aber nicht, dass es tiefgefroren ist.
Das Fleisch sollte nur bis ca. -2 °C gekühlt werden. Wegen des im Fleisch enthaltenen Wasser, würde es sonst zu hart werden. Das Fleisch sollte sich noch biegen lassen, ohne zu brechen. Wenn es bricht, ist es zu kalt und der Wolf könnte Schaden nehmen.

Lassen Sie es, falls es zu kalt geworden ist, vor dem Wolfen einfach wieder etwas wärmer werden.

Das Fett kann auf -10°C gekühlt werden. Wegen seines sehr geringen Wassergehalts wird es auch tiefgefroren nicht richtig hart.

Bei der Rohwurst-Herstellung werden das Salz und die Gewürze bereits vor dem Wolfen in einer Schüssel mit dem Fleisch vermischt. Dadurch muss man nicht so lange rühren, um die Gewürze und das Brät optimal zu mischen. Man bekommt so keine zu starke Bindung und die Erwärmung wird ebenfalls reduziert. Wenn das Salz mit dem Fleisch in Kontakt kommt, beginnt es sich aufzulösen, so kann auch grobes Salz problemlos mitgewolft werden. Falls von den Gewürzen oder dem Salz noch etwas in der Schüssel zurückbleiben sollte, wird dieses in das fertig gewolfte Brät gegeben.
Es wird nur 1-2 Minuten gerührt, da keine starke Bindung erwünscht wird. In den Rezepten für Teewurst kommt Rum ins Spiel. Dieser trägt zum typischen Geschmack bei. Der Großteil des Alkohols geht im Verarbeitungs- oder Reifeprozess verloren, doch das Aroma bleibt bestehen. Wenn Sie keinen Alkohol verarbeiten wollen, können Sie diese Zutat auch einfach weglassen, deswegen habe ich in den Rezepten „optional" dazu geschrieben.

Alle Mettwürste, egal ob grob oder fein, können direkt nach dem Rühren oder wenn sie in den Darm oder die Hülle gefüllt wurden als zarten und saftigen Brotaufstrich gegessen werden. Wenn man sie lieber etwas pikanter haben will, kann man sie im Anschluss noch kalt räuchern. Dadurch wird sie auch etwas besser lagerfähig. Wenn die Würste geräuchert werden sollen, unbedingt rauchdurchlässige Därme und keine Sterildärme verwenden.

Die bekanntesten streichbaren Rohwürste sind:

- Grobe und feine Mettwurst
- Teewurst
- Zwiebelmettwurst

Übersicht über den Ablauf:

- Das Fleisch und das Fett wolfgerecht zuschneiden.
- Die Fleischwaren anfrieren.
- Das Fleisch und das Fett mit den Gewürzen und dem Salz bereits vorab vermengen und dann so wie im Rezept angegeben wolfen.
- Alles 1-2 Minuten vermengen, bis eine leichte Bindung eintritt.
- In Därme oder Hüllen füllen.
- Je nach Sorte noch kalt räuchern oder direkt genießen.
- Die Würste kann man nun einfrieren oder wenige Tage im Kühlschrank aufbewahren.

Grobe Mettwurst

700 g mageres Rindfleisch
300 g fetten Schweinebauch mit 25% Fleischanteil
23 g Salz
10 g Rum (optional)
2,5 g gemahlenen weißen Pfeffer

- Das Fleisch und den Bauch wolfgerecht zuschneiden und anschließend anfrieren.
- Dann vorab mit den Gewürzen und dem Salz vermengen und anschließend durch die 6 mm Scheibe wolfen.
- Alles für 2 Minuten in der Rührmaschine vermengen.
- Das Brät dann mit dem Wurstfüller in Collagendärme Kaliber 40 füllen.
- Die Länge beträgt traditionell 40 cm.
- Danach noch 3 - 4 mal kalt räuchern.
- Die Wurst ist auch ungeräuchert sofort genussfertig.

Mettwurst feine Art

1000 g mageren Schweinebauch mit 80% Fleischanteil
23 g Salz
2 g gemahlenen weißen Pfeffer
2 g edelsüßen gemahlenen Paprika
0,5 g gemahlenen Macis

- Den Bauch wolfgerecht zuschneiden und anfrieren.
- Dann vorab mit den Gewürzen und dem Salz vermengen und anschließend durch die 2 mm Scheibe wolfen.
- Alles für 1-2 Minuten in der Rührmaschine vermengen.
- Mit dem Wurstfüller in Naturdärme Kaliber 50 oder Collagendärme Kaliber 50 füllen.
- Die Länge beträgt traditionell 20-30 cm.
- Oberflächlich trocknen lassen und nach Belieben 2-3 mal kalt räuchern.

Mettwurst westfälische Art

750 g	mageres Schweinefleisch
250 g	fetter Schweinebauch
23 g	Salz
2 g	gemahlenen weißen Pfeffer
1 g	gemahlenen Piment

- Die Fleischwaren wolfgerecht zuschneiden und anfrieren.
- Das Fleisch vorab mit den Gewürzen und dem Salz vermengen und anschließend durch die 8 mm Scheibe wolfen.
- Den Bauch durch die 6 mm Scheibe wolfen.
- Alles 2 Minuten lang in der Rührmaschine vermengen.
- Das Brät mit dem Wurstfüller in Naturdärme Kaliber 40 oder in Collagendärme Kaliber 40 füllen.
- Traditionell werden die Würste 40 cm lang gemacht.
- Sie können die Wurst noch 1-3 mal kalt räuchern.
- Die Wurst ist auch ungeräuchert sofort genussfertig.

Schweine-Mettwurst Hausmacher Art

700 g	mageres Schweinefleisch
300 g	fetten Schweinebauch mit 25% Fleischanteil
25 g	Salz
3 g	gemahlenen weißen Pfeffer
3 g	frischen kleingehackten Knoblauch

- Das Fleisch und den Bauch wolfgerecht zuschneiden und anfrieren.
- Dann vorab mit den Gewürzen und dem Salz vermengen und anschließend durch die 3 mm Scheibe wolfen.
- Alles 1-2 Minuten in der Rührmaschine vermengen.
- Das Brät mit dem Wurstfüller in Naturdärme Kaliber 40 oder in Collagendärme Kaliber 40 füllen.
- Die Länge beträgt traditionell 20 cm.
- Die Würste können noch 3-4 mal kalt geräuchert werden.
- Sie sind auch ungeräuchert sofort genussfertig.

Teewurst

700 g	Schweinebauch mit 40% Fleischanteil
200 g	mageres Rindfleisch
100 g	mageres Schweinefleisch
23 g	Salz
5 g	braunen Rum (optional)
2 g	gemahlenen weißen Pfeffer
2 g	edelsüßen gemahlenen Paprika

- Den Bauch und das Fleisch wolfgerecht zuschneiden und anfrieren.
- Dann vorab mit den Gewürzen und dem Salz vermengen und anschließend 2 mal durch die 2 mm Scheibe wolfen.
- Alles 2 Minuten in der Rührmaschine vermengen.
- Wenn die Wurst geräuchert werden soll, in Collagendärme Kaliber 30 füllen, wenn sie nicht geräuchert wird, in Mettwurstdarm Kaliber 30 füllen.
- Traditionell werden die Würste 10 cm lang gemacht.
- Nach Belieben 1-2 mal kalt räuchern.
- Die Wurst ist auch ungeräuchert sofort genussfertig.

Teewurst polnische Art

600 g	magerer Schweinerücken
400 g	fetter Schweinebauch
21 g	Salz
7 g	braunen Rum (optional)
2,5 g	gemahlenen weißen Pfeffer
1,5 g	gemahlenen Paprika edelsüß
1,2 g	gemahlenen Koriandersamen
0,7	gemahlenen Piment
0,5 g	gemahlene Senfkörner

- Die Fleischwaren wolfgerecht zuschneiden und anfrieren.
- Dann vorab mit den Gewürzen und dem Salz vermengen und anschließend 2 mal durch die 2 mm Scheibe wolfen.
- Alles für 2 Minuten in der Rührmaschine vermengen.
- Das Brät in Collagendärme Kaliber 30 füllen.
- Traditionell werden die Würste 10 cm lang gemacht.
- Oberflächlich trocknen lassen und 1 mal kalt räuchern.
- Die Wurst ist auch ungeräuchert sofort genussfertig.

Weichwurst mit Paprika

700 g	mageres Schweinefleisch
300 g	fetter Schweinebauch mit 25% Fleischanteil
25 g	Salz
20 g	gemahlenen edelsüßen Paprika
3 g	gemahlenen weißen Pfeffer
3 g	frischen kleingehackten Knoblauch
1 g	gemahlenen Piment

- Das Fleisch und den Bauch wolfgerecht zuschneiden und anfrieren.
- Dann vorab mit den Gewürzen und dem Salz vermengen und anschließend durch die 3 mm Scheibe wolfen.
- Alles 1-2 Minuten lang in der Rührmaschine vermengen.
- Das Brät mit dem Wurstfüller in Naturdärme Kaliber 50 oder Collagendärme Kaliber 50 füllen.
- Die traditionelle Länge beträgt 30 cm.
- Nach Belieben 3-4 mal kalt räuchern.
- Die Wurst ist auch ungeräuchert sofort genussfertig.

Zwiebelmettwurst Heuberger Art

700 g	magerer Schweinebauch
300 g	mageres Schweinefleisch
20 g	Salz
9 g	sterilisierte Zwiebeln (Zwiebelgranulat) oder für den ganz besonderen Genuss 30 g kleingehackte rohe Zwiebel.
2,5 g	gemahlenen weißen Pfeffer

- Das Fleisch und den Bauch wolfgerecht zuschneiden und anfrieren.
- Dann vorab mit den Gewürzen und dem Salz vermengen und anschließend durch die 4,5 mm Scheibe wolfen.
- Alles 1-2 Minuten lang in der Rührmaschine vermengen.
- Dann das fertige Brät mit dem Wurstfüller in Zwiebel-Mettwurstdärme füllen.

Die Wurst ist als Brotaufstrich sofort genussfertig.

Sehr wichtig für die Verwendung!
Verwenden Sie rohe Zwiebeln, sollte die Wurst innerhalb von 24 Stunden gegessen werden, da die Zwiebel anfängt zu gären.
Mit Zwiebelgranulat ist die Wurst zwar besser haltbar, sollte aber trotzdem innerhalb weniger Tage verzehrt oder direkt einfroren werden.

Wild-Mettwurst

600 g mageres Wildfleisch jeglicher Art
200 g magerer Wildschweinbauch
200 g fetter Schweinebauch
21 g Salz
2,5 g gemahlenen schwarzen Pfeffer
2 g gemahlenen Piment
2 g edelsüßen Paprika
1 g frischen kleingehackten Knoblauch
0,8 g gemahlenen Muskat
0,5 g gemahlene Wacholderbeeren
0,3 g gemahlene Lorbeerblätter

- Die Fleischwaren wolfgerecht zuschneiden und anfrieren.
- Dann vorab mit den Gewürzen und dem Salz vermengen und anschließend durch die 4,5 mm Scheibe wolfen.
- Alles 1-2 Minuten in der Rührmaschine vermengen.
- Das Brät mit dem Wurstfüller in Naturdärme Kaliber 40 oder in Collagendärme Kaliber 40 füllen.
- Die Länge beträgt traditionell 30 cm.
- Die Würste oberflächlich trocknen lassen.
- Danach nach Belieben 2 mal kalt räuchern.

Die Wurst ist auch ungeräuchert sofort genussfertig.

Wild-Teewurst

1000 g Wildfleisch vom Rücken oder Schlegel mit etwas Fett daran. Insgesamt sollte der Fettgehalt des Bräts ungefähr 30-40% betragen.
22 g Salz
15 g Cognac (optional)
2,5 g Zucker
2,5 g gemahlenen weißen Pfeffer
1 g gemahlenen Paprika edelsüß
0,3 g gemahlenen Piment
0,2 g gemahlenen Kardamom
0,2 g gemahlenen Rosmarin
0,06 g gemahlenen Chili (optional)

- Die Fleischwaren wolfgerecht zuschneiden und anfrieren.
- Dann vorab mit den Gewürzen und dem Salz vermengen und anschließend 2 mal durch die 2 mm Scheibe wolfen.
- Alles 2 Minuten lang in der Rührmaschine vermengen.
- Das Brät mit dem Wurstfüller in Schweinedärme Kaliber 30 oder in Collagendärme Kaliber 30 füllen.
- Traditionell werden die Würste 15 cm lang gemacht.
- Die Würste oberflächlich trocknen lassen.
- Dann nach Belieben 3 mal kalt räuchern.

Die Wurst ist auch ungeräuchert sofort genussfertig.

"Wurst selber machen, so gelingt es garantiert!"
ISBN: 978-3-9818939-1-5

Herausgeber und Verlag:

Gebrüder Frech
Bubsheimerstrasse 7
78592 Egesheim
E-Mail: gebruederfrech@googlemail.com
www.Wurst-Rezept.de

Weitere Ratgeber und Informationen zum Thema Selbermachen:

„Schinken selber machen" finden Sie unter:
www.schinken-selber-machen.com

Alles wird Schritt für Schritt erklärt, von der Fleischauswahl bis zum Räuchern. Alle Pökelarten inklusive Kochschinken, mit 76 Schinkenrezepten für Schwein, Rind, Wild, Schaf und Ziege.

Oder auch im Buchhandel erhältlich.
ISBN:978-3-9818939-0-8

„Käse selber machen"
Zu finden unter: Käse-selber-machen.de

Alles wird Schritt für Schritt erklärt von der Milchauswahl bis zum Reifen. 38 erprobte und detailierte Käse-Rezepte für Frischkäse, Weichkäse, schnittfeste Käse, Hartkäse, Kochkäse.
Oder auch im Buchhandel erhältlich.
ISBN: 978-3-9818939-2-2

Nitritpökelsalz unterliegt der Gefahrenstoffverordnung und ist bei unsachgemäßer Verwendung gesundheitsgefährdend. Der Leser sollte dies zur Kenntnis nehmen, und die Verwendung dieses Stoffes geschieht auf eigene Verantwortung. Beachten Sie die Angaben des Herstellers. Sollten diese von meinen Angaben abweichen, **richten Sie sich bitte nach den Herstellerangaben!**

Dieser Ratgeber wurde mit größtmöglicher Sorgfalt erstellt, dennoch kann keine Garantie für Vollständigkeit und Fehlerfreiheit der Angaben gegeben und keine Haftung übernommen werden.